生活·讀書·新知 三联书店

王国维　马衡　著
马思猛　辑注

王國維与馬衡往来书信

图书在版编目（CIP）数据

王国维与马衡往来书信 / 王国维，马衡著；马思猛辑注. —北京：生活 · 读书 · 新知三联书店，2017.9
ISBN 978－7－108－05882－9

Ⅰ. ①王… Ⅱ. ①王… ②马… ③马… Ⅲ. ①王国维（1877－1927）－书信集 ②马衡－书信集 Ⅳ. ① K825.4 ② K825.81

中国版本图书馆 CIP 数据核字（2017）第 078153 号

责任编辑 唐明星
装帧设计 康 健
责任校对 曹忠苓
责任印制 宋 家
出版发行 生活 · 讀書 · 新知 三联书店
（北京市东城区美术馆东街 22 号 100010）
网 址 www.sdxjpc.com
经 销 新华书店
印 刷 河北鹏润印刷有限公司
版 次 2017 年 9 月北京第 1 版
2017 年 9 月北京第 1 次印刷
开 本 880 毫米 × 1230 毫米 1/32 印张 8
字 数 100 千字 图 144 幅
印 数 0,001－8,000 册
定 价 48.00 元
（印装查询：01064002715；邮购查询：01084010542）

目 录

1919 年 12 月 12 日（农历己未年十月廿一日）········ 1
1919 年 12 月 22 日（农历十一月初一日）················· 3
1920 年 1 月 12 日（农历十一月廿二日）················· 6
1920 年 1 月 18 日（农历十一月廿八日）················· 9
1920 年 1 月 20 日（农历十一月三十日）················· 14
1920 年 1 月 29 日（农历十二月初九日）················· 16
1920 年 2 月 16 日（农历十二月廿七日）················· 18
1920 年 2 月 21 日（农历庚申年正月初二日）········ 23
1920 年 12 月 31 日（农历十一月廿二日）················· 25
1921 年 2 月 6 日（农历十二月廿九日）················· 28
1921 年 3 月 6 日（农历辛酉年正月廿七日）··········· 31
1921 年 3 月 15 日（农历二月初六日）················· 34
1921 年 4 月 14 日（农历三月初七日）················· 39
1921 年 11 月 2 日（农历十月初三日）················· 42
1921 年 11 月 9 日（农历十月初十日）················· 45
1921 年 11 月 30 日（农历十一月初二日）················· 48
1921 年 12 月 8 日（农历十一月初十日）················· 51

1921年12月13日（农历十一月十五日）…… 53
1921年12月20日（农历十一月廿二日）…… 55
1921年12月25日（农历十一月廿七日）…… 59
1922年1月11日（农历十二月十四日）…… 61
1922年2月7日（农历壬戌年正月十一日）…… 63
1922年2月13日（农历正月十七日）…… 65
1922年3月12日（农历二月十四日）…… 67
1922年3月14日（农历二月十六日）…… 70
1922年4月16日（农历三月二十日）…… 73
1922年7月28日（农历六月初五日）…… 76
1922年8月1日（农历六月初九日）…… 79
1922年8月17日（农历六月廿五日）…… 83
1922年8月24日（农历七月初二日）…… 86
1922年9月27日（农历八月初七日）…… 90
1922年12月12日（农历十月廿四日）…… 94
1923年1月31日（农历十二月十五日）…… 96
1923年2月8日（农历十二月廿三日）…… 98
1923年3月12日（农历癸亥年正月廿五日）…… 100
1923年5月4日（农历三月十九日）…… 102
1923年6月28日（农历五月十五日）…… 104
1923年7月14日（农历六月初一日）…… 106
1923年7月14日（农历六月初一日）…… 109
1923年7月26日（农历六月十三日）…… 111
1923年8月14日（农历七月初三日）…… 113
1923年8月15日（农历七月初四日）…… 115

1923 年 8 月 15 日（农历七月初四日）…………………… 117
1923 年 8 月 16 日（农历七月初五日）…………………… 119
1923 年 9 月 17 日（农历八月初七日）…………………… 121
1923 年 9 月 19 日（农历八月初九日）…………………… 123
1923 年 9 月 21 日（农历八月十一日）…………………… 125
1923 年 9 月 29 日（农历八月十九日）…………………… 127
1923 年 11 月 8 日（农历十月初一日）…………………… 129
1923 年 12 月 8 日（农历十一月初一日）………………… 131
1924 年 2 月 16 日（农历甲子年正月十二日）…… 133
1924 年 2 月 17 日（农历正月十三日）…………………… 136
1924 年 2 月 26 日（农历正月廿二日）…………………… 138
1924 年 3 月 2 日（农历正月廿七日）……………………… 141
1924 年 5 月 26 日（农历四月廿三日）…………………… 143
1924 年 8 月 11 日（农历七月十一日）…………………… 145
1924 年 11 月 13 日（农历十月十七日）………………… 155
1924 年 11 月 17 日（农历十月廿一日）………………… 157
1925 年 8 月 11 日（农历乙丑年六月廿二日）…… 159
1925 年 8 月 12 日（农历六月廿三日）…………………… 161
1925 年 9 月 2 日（农历七月十五日）……………………… 163
1925 年 9 月 8 日（农历七月廿一日）……………………… 165
1925 年 9 月 9 日（农历七月廿二日）……………………… 167
1925 年 9 月 14 日（农历七月廿七日）…………………… 169
1925 年 9 月 14 日（农历七月廿七日）…………………… 174
1925 年 9 月 19 日（农历八月初二日）…………………… 176
1925 年 9 月 21 日（农历八月初四日）…………………… 180

1925年9月22日（农历八月初五日）…… 182
1925年9月24日（农历八月初七日）…… 184
1925年9月27日（农历八月初十日）…… 186
1925年11月2日（农历九月十六日）…… 189
1925年11月3日（农历九月十七日）…… 192
1926年7月18日（农历丙寅年六月初九日）…… 195
1926年7月21日（农历六月十二日）…… 197
1926年7月21日（农历六月十二日）…… 199
1926年8月1日（农历六月廿三日）…… 201
1926年8月10日（农历七月初三日）…… 203
1926年8月20日（农历七月十三日）…… 205
1926年8月22日（农历七月十五日）…… 208
1926年8月26日（农历七月十九日）…… 210
1926年9月7日（农历八月初一日）…… 212
1926年9月9日（农历八月初三日）…… 216
1926年9月11日（农历八月初五日）…… 219
1926年10月15日（农历九月初九日）…… 225
1926年12月1日（农历十月廿七日）…… 227
1927年1月17日（农历十二月十四日）…… 230
1927年1月19日（农历十二月十六日）…… 232

我所知道的王静安先生 …… 马衡 234
跋 …… 马思猛 238

王国维

马衡

1919年12月12日（农历己未年十月廿一日）

静安先生大鉴：

在沪半年，时聆教诲，获益良多。临行匆促，不及走辞，至为歉仄！衡于六日乘早车北来，过津时并未耽搁，七日晚间抵京。拟将书籍等略为整理，即赴津晋谒叔蕴[①] 先生。

尊译伯希和 [②]君文稿未暇走领，请寄北京后门内东板桥敝寓为祷。专布，敬颂

著安

后学马衡拜上　十二月十二日

---

① 罗振玉（1866—1940），字叔蕴，号雪堂，江苏省淮安府（今淮安市）人，金石学家。在甲骨文和敦煌写卷研究上做出了杰出的贡献，为“甲骨四堂”之一。他的四个儿子罗福成、罗福苌、罗福葆和罗福颐都是成就卓著的语言学家和历史学家。

② 保罗·伯希和（1878—1945），法国近代著名的汉学家和探险家。1908年2月，为了查阅敦煌出土的法华经古抄本，探险队到达敦煌。伯希和流畅的中文发挥了作用。伯希和经过3周调查了藏经洞的文件，并选出最有价值的文件约2000余卷，以500两银子（约90英镑）的价钱把这些文物买走。1909年，伯希和在北京向罗振玉、王国维等出示了几本敦煌珍本，这立即引起中国学界的注意。1921年，伯希和被选为法国金石铭文与文艺学院院士，同时被聘为北京大学通讯导师。1927年王国维自沉后，他在欧洲《通报》发表《纪念王国维》一文。

【按】1919年五四运动爆发，马衡由于学生罢课在京已无事可做，返回上海家中。在沪期间，马衡常拜访王国维，讨论学术问题，故有“在沪半年，时聆教诲，获益良多”之说。笔者目前所能收集到的马衡与王国维的来往书信资料，也是由此时开始的。此时马衡正编写《金石学讲义》，在“历代铜器”一章之诸多条目的编写通过往来书信向王国维求教、切磋。

静安先生大鑒：在滬半年，時聆
教誨，獲益良多。臨行匆促，不及走辭，至爲歉仄。
衡於六日乘早車北來，過津時並未耽擱，七日晚間抵
京。擬將書籍等略爲整理，即赴津晉謁 叔蘊
先生。
尊譯伯希和君文稿，未暇走領，請寄北京後門
内東板橋敝寓爲禱。專布，敬頌
著安。 後學馬衡拜上 十二月十二日

1919年12月22日（农历十一月初一日）

静安先生大鉴：

前匆促北行，未及走辞，抵京后曾上一书，计已察入。请寄示伯希和文译稿，久未奉到，至深盼念。《金石学讲义》正着手编辑，前订总目略有修改，录呈台览。幸先生有以教之。

近代刻词者有《灵鹣阁》《石莲山房》两家，见于《彊邨丛书》曹序中；二书未见传本，所刻究有若干种？石莲何人？并乞一一指示为感。叔蕴先生尚未见过，明后日定当赴津一行也。专肃，敬颂

日祉

后学马衡上言　十二月廿二日

家兄幼渔[1] 致候

---

① 幼渔：马裕藻（1878—1945），字幼渔，马衡二哥，浙江省鄞县（今宁波市鄞州区）人。音韵学家、文字学家。1905年留学日本，先后毕业于早稻田大学、东京帝国大学；师从章太炎学习文字音韵学。1913—1937年任北京大学教授，国文系主任。

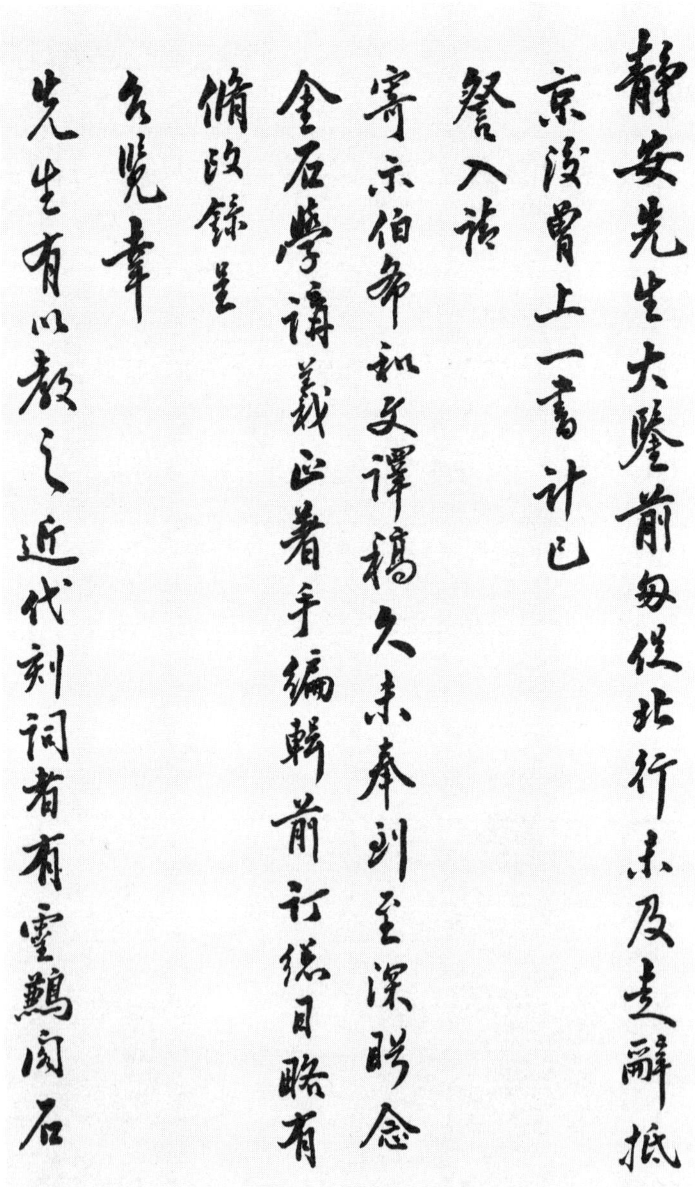
靜安先生大鑒前匆促北行未及走辭抵
京後曾上一書計已
詧入請
寄示伯希和文譯稿久未奉到至深盼念
金石學講義正着手編輯前訂綱目略有
脩改錄呈
台覽幸
先生有以教之近代刻詞者有靈鶼閣石

蓮山房兩家見於彊邨叢書曹序中二書
未見傳本所刻究有若干種石蓮何人並
乞一一
指示為感　叔蘊先生尚未見過明後日定
當赴津一行也專肅敬頌
日祉　後學馬衡上言　十二月廿二日
家兄幼漁致候

1920年1月12日（农历十一月廿二日）

静安先生大鉴：

前得复书，敬稔起居胜常为慰。伯希和文译稿[①]已寄到，当于下期月刊中揭载之。《金石学》拟从第二篇讲起，《讲义》正在编辑。今将已成之稿录呈数页，敬求斧正，并请于改窜后从速寄还，以便缮印。以后仍当随时录寄，务祈不吝教诲，是所至祷。专肃，敬颂

纂安

后学马衡上言　一月十二日

---

① 伯希和文译稿：马衡所言“当于下期月刊中揭载之”，因故未能实现，直至1923年1月才在北大《国学季刊》第一卷第一期刊载。

【按】“前得复书”，证1月12日前当有王国维复马衡书一函。原件不知所在。

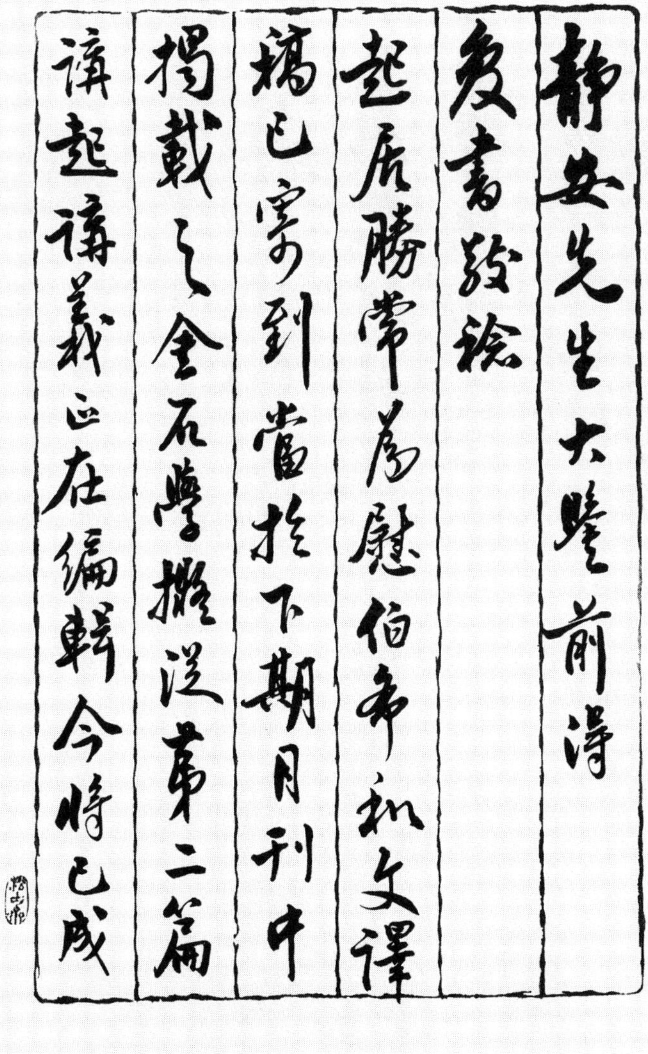
靜安先生大鑒前得
復書敬悉
起居勝常為慰伯希和文譯
稿已寄到當於下期月刊中
揭載之金石學擬從第二篇
講起講義正在編輯今將已成

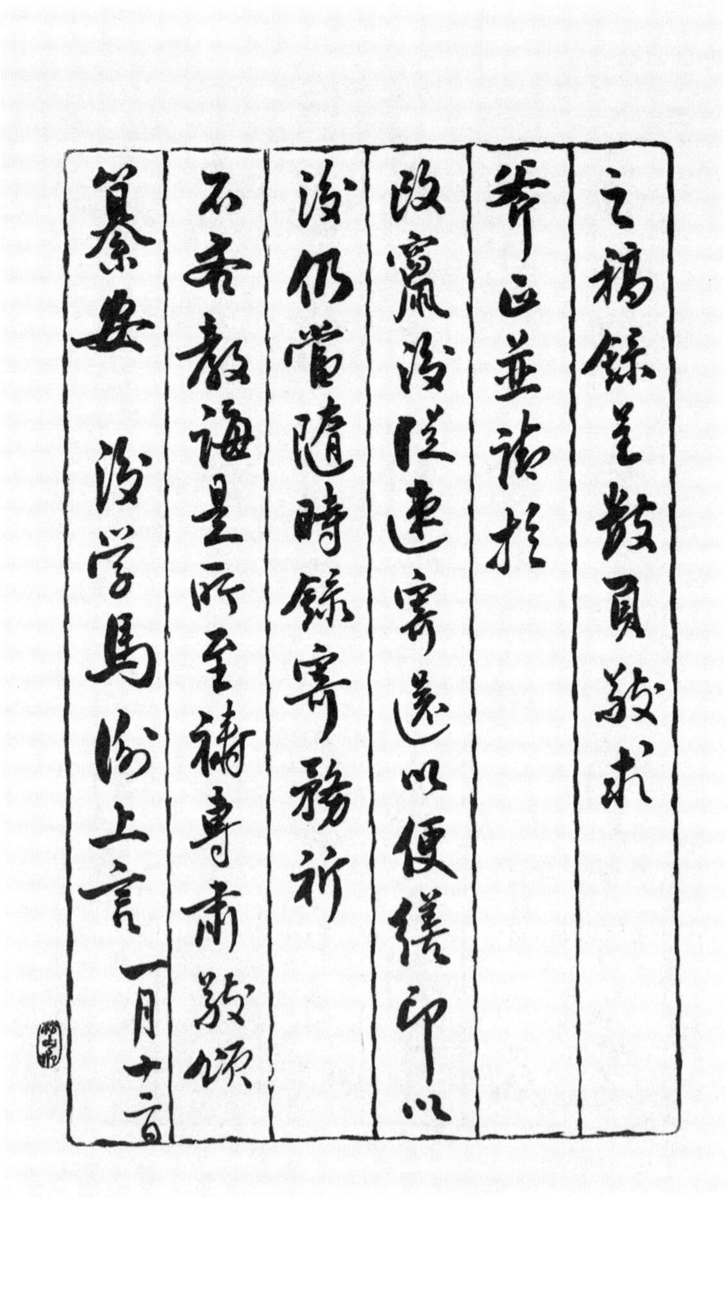

之稿録呈，敬煩轉求
斧正，並請於
改竄後從速寄還，以便繕印。以
後仍當隨時録寄，務祈
不吝教誨，是所至禱。專肅，敬頌
纂安。後學馬衡上言 一月十二日

1920年1月18日（农历十一月廿八日）

静安先生大鉴：

顷奉手书并《讲义》稿。承示一事，为“鬲”煮鬻饭之证，感谢之至！惟此条已略加修改。始以为三者皆兼肉饭之用，今证明“鼎”兼二用，而“鬲”“甗”则惟煮黍稷。容再录稿呈政（正）。日来正在编辑“酒器”，当奉尊说分“盛酒”“饮酒”之器为二。今有一事不敢断定，请示方针。先生前著《礼器略说》，辨“彝”为共名，其器即今之“敦”，已为不易之定论。惟尚有共名之“尊”，自来图录家亦以为专名，以酒器之侈口者当之。此说恐亦始自《博古图》，盖《吕图》[1]称“尊”者凡四器，一中朝事后“中尊”，其制则壶铭，日用作朕穆考□仲尊（疑即壶字而摹误者）；二“象尊”亦壶形；三圆孔方“文尊”，其自题云“盖尊”；属四“壶尊”，即《东观余论》所谓“著尊”。四者皆非侈口之器。《吕》盖尚不以为专名也，窃疑《博古》以下所谓“尊”者，或系“金罍”之“罍”。《毛诗》说大一石，郭《尔雅注》：“形似壶，受一斛。”今所见侈口之器无若是之大者，此说似又不

---

① 《吕图》：即（宋）吕大临撰《泊如斋重修宣和博古图》。

合。然陶斋“斯禁”[1]所陈确有大小二器，或亦有等差欤？不得左（佐）证，不敢妄言，幸先生有以教之。专布，敬颂

著祉

后学马衡上言　一月十八日

① 斯禁：古代承放酒尊的礼器。为长方形的木盘，下有两杠，无足。

【按】“顷奉手书”证 1 月 18 日当有王国维致马衡书至。原件不知所在。

靜安先生大鑒：頃奉
手書並講義稿，承
示一事為禹貢鬻飯之證，感謝之至。惟此條
已略加修改，改以為三者皆兼肉飯之用，今證明鼎兼
二用，而禹甗則惟煮黍稷，容再錄稿呈
政。日來正在編輯酒器，當奉
尊說分盛酒飲酒之器為二，今有一事不敢
斷定之講請

示方針

先生前著禮器略說辨彝為共名其器即

今之敦已為不易之定論惟尚有共名之尊

而自來圖錄家亦以為尊名以酒器之侈口者

當之此說蓋亦始自博古圖盖呂圖錄尊者

凡四器一中朝事後中尊其制則壺銘曰閘

作朕穆考口仲尊盫（疑即壺字而摹誤者）二象尊亦

壺形三園乳方文尊其自銘云盖尊屬四

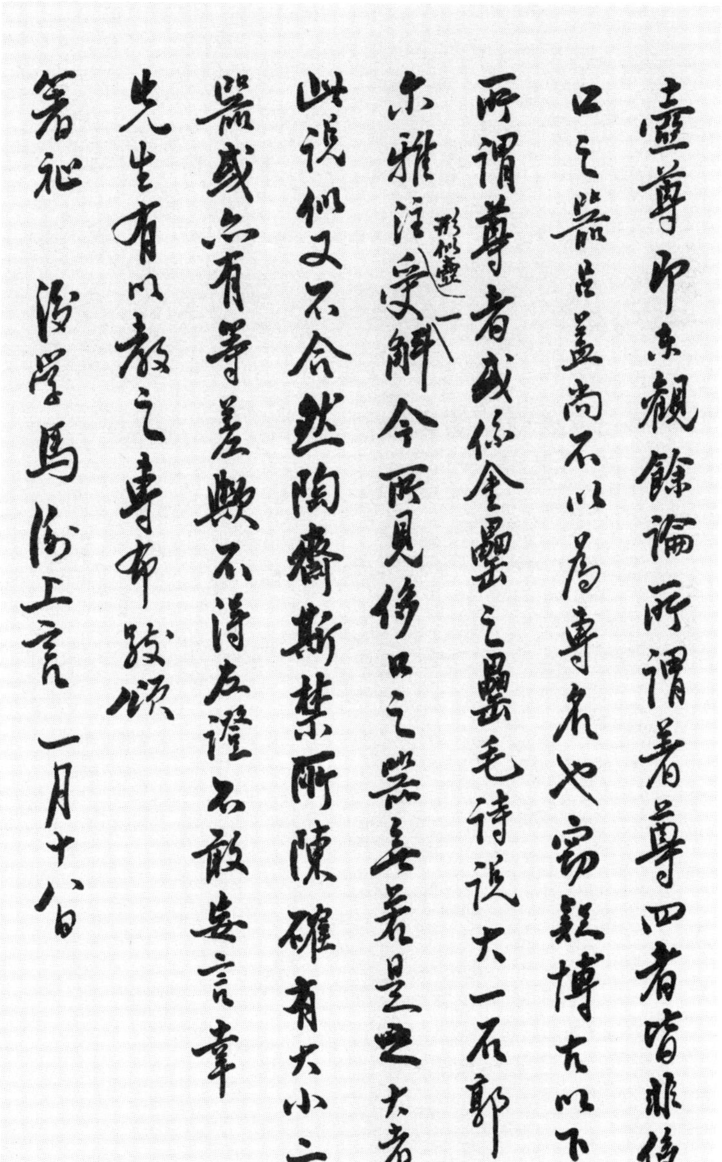
壺尊即東觀餘論所謂著尊壺尊四者皆非傳
世之器皆蓋尚不以為專名也窃疑博古以下
所謂尊者或係金罍之罍毛詩說大一石郭
爾雅注形似壺受一斛今所見傳世之器無若是之大者
此說似又不合然陶齋斯禁所陳確有大小二
器或亦有等差歟不得左證不敢妄言幸
先生有以教之專布敬頌
箸祉　後學馬衡上言　一月十八日

1920年1月20日（农历十一月三十日）

静安先生大鉴：

前日上一书，计邀鉴及。叔蕴先生日前来都，昨晤之于范宅，今晨已返津矣。《讲义稿》又续编数节，录呈斧政（正）。

敬颂

著祉

后学马衡上言　一月二十日

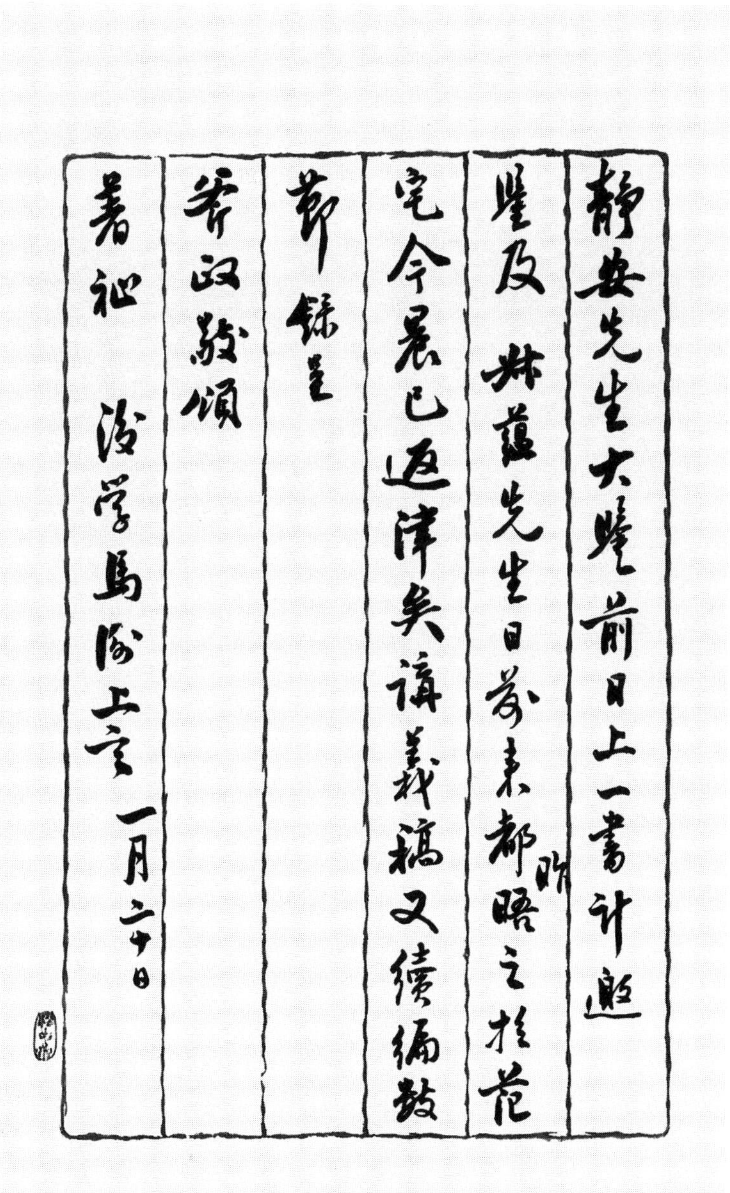
靜安先生大鑒：前日上一書，計邀
鑒及。叔蘊先生日前來都，昨晤之於范
宅，今晨已返津矣。講義稿又續編數
節，錄呈
斧政，敬頌
著祉。 後學馬衡上言 一月二十日

1920年1月29日（农历十二月初九日）

静安先生大鉴：

得复书，敬悉。“尊、罍”条当依尊说改之，原稿请不必寄还矣。“甗”恐仍是煮饭之器。古人皆以水蒸饭，今北方犹然。《世说新语·夙惠》类“宾客诣陈太丘宿”条：“炊忘着箅，饭落釜中成糜”，可以见汉人炊饭之法。“箅”即有孔之隔，不知先生以为然否？今又续编“觥”至“盘”“匜”九条，录以呈政（正）。敬颂

著祺

后学马衡上言　一月廿九日

正封发间得示，敬悉。即当从命删改。

【按】“得复书”“正封发间得示”，证1月29日前当有王国维复马衡书二函。不知原件所在。

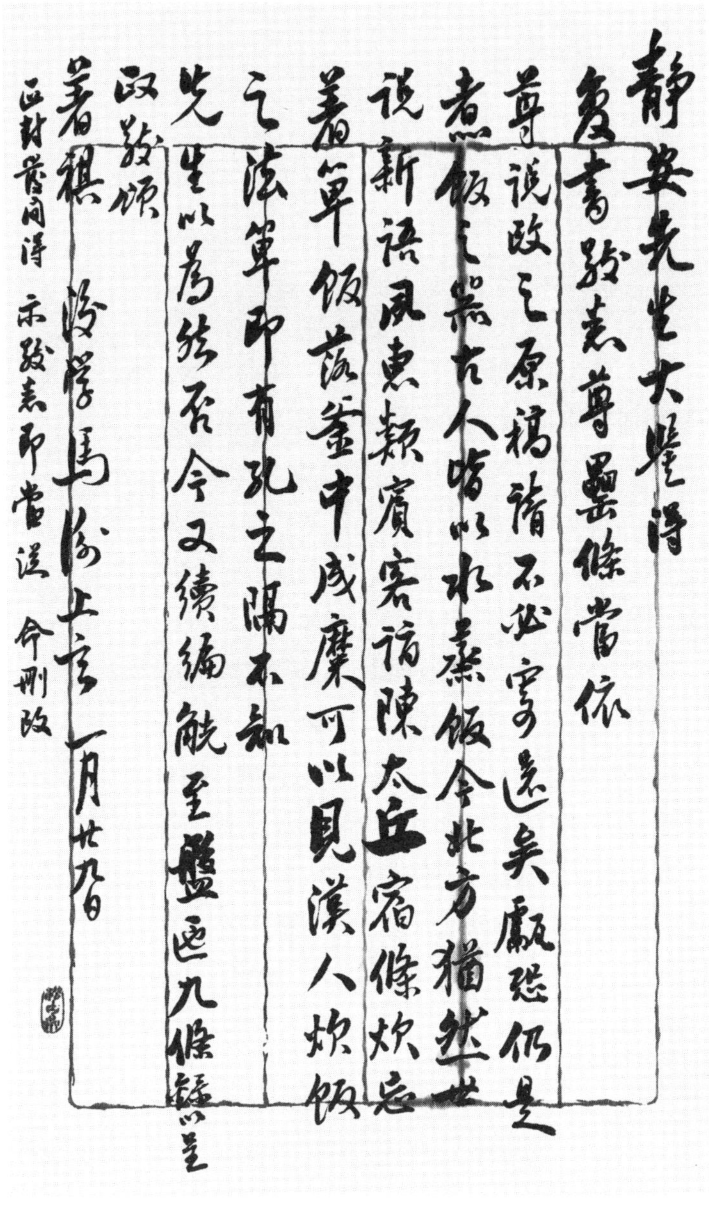
靜安先生大鑒得
復書敬悉尊處當依
尊說改之原稿請不必寄還矣甗後仍是
煮飯之器古人皆以水蒸飯今北方猶然世
說新語夙惠類賓客詣陳太丘宿條炊忘
著箄飯落釜中成糜可以見漢人炊飯
之法箄即有孔之隔不知
先生以爲然否今又續編能至盥匜九條錄以呈
政敬頌
著祺 後學馬衡上言 一月廿九日
匜對前得 示敬悉即當從 命删改

1920年2月16日（农历十二月廿七日）

静安先生大鉴：

昨得复书，敬悉。尊意古“氏”声与“氐”声不同部，支部与元部阴阳对转，而不能与真部转。惟据家兄幼渔云，对转之字多属双声，颇疑孔氏对转之说有未谛处。“辰”与“氏”为双声，似可相通。“审禅”二母为古纽“透定”之变，古音“氏”声与“氐”声不甚相远，且“觶”从“单”声，与“氐”俱属“端”母，而“氏”“辰”并属“禅”母，在古音皆为舌音，“觶”字重文，似可不必疑。不知尊意以为何如？吴鐸之说可为句鑃[①]出南方之证。但未明出处，不敢引用。《文子·上德篇》云：“老子曰：‘鸣鐸以声自毁，膏烛以明自煎。’”句例与先生所记略同。未识即此否？“翟”与“睪”为双声而不同部，与“尧”则为同部。但不知传世之“句鑃”是有舌之“鐸”[②]，抑无舌之“铙”[③]？未见原器，仍难断定也。“四时嘉至钲”想

---

① 句鑃（gōu diào）：古代祭祀和宴飨用的乐器。形似鐸，使用时口朝上，以槌敲击。盛行于春秋时期南方吴、越等国。

② 鐸（duó）：是一种古代乐器，大铃，形如铙、钲而有舌，古代宣布政教法令用的，亦为古代乐器。

③ 铙（náo）：又称为钲和执钟。我国最早使用的青铜打击乐器之一，其最初的功能为军中传播号令之用。

即叔蕴先生所藏者，惟叔蕴先生云“是断磬”，与程氏《通艺录》所考隐合，不知先生曾见其形制否？尚乞有以教之。“新莽候钲”及“牛马鐸”皆拟及之，改定后再行呈教。专肃，敬颂岁祺

后学马衡上言　二月十六日

【按】“昨得复书”，可证 1 月 29 日至 2 月 16 日间，当有王、马往来书信各一函，其内容是讨论马衡之《金石学讲义》稿“盉”“觶”等条目的考证定义；如马衡在其《金石学讲义盉》稿“”一节引述王文说明：“王静安据此定‘盉’为和水于酒之器，所以节酒之厚薄者，并论其形制曰：‘其有梁或鋬者，所以持而荡涤之也。其有盖及细长之喙者，所以使荡涤时酒不泛溢也。其有喙者，所以注酒于爵也。’今从王说，定为酒器。”在“觶”一节说明其说来源曰：“……王静安以为《说文》觶、觛、卮、䏶、腨五字实即一字，鍴、耑固即《说文》之腨，亦即《礼经》之觶。其说是也。”

静安先生大鉴：昨得复书，敬悉尊意。
古氏聲與氏聲不同部，支部與之部陰陽
對轉，而不能與真部轉，惟授家見紛淆云
對轉之序多屬雙聲，頗疑孔氏對轉之説
有未諦。愛辰與氏為雙聲，似可相通，審禪
二母為古紐遺定之變，古音氏聲與氏聲
不甚相遠，且觶从單聲，與氏俱屬端母，而氏
辰並屬禪母，在古音皆為舌音。觶字重文

似可不必疑不知 尊意以為何如吳鐸之
說可為句鑃出南方之證但未明出處不
敢引用文子上德篇云老子曰鳴鐸以聲
自毀膏燭以明自煎句例與先生所記
略同未識即此否翟與睪為雙聲而不同
部與堯則為同部但不知傳世之句鑃是
有文之鐸抑無文之鐃未見原器仍難
斷定也四時嘉至 鉅想即 妹蘊先生所

藏者姓　叔蘊先生云是斷磬與程氏通

藝錄所攷隱合不知先生曾見其形制

否尚乞有以教之新莽候鉦及牛馬鐸

皆擬及之跋定後再行呈教專肅敬頌

歲祺　後學馬衡上言　二月十六日

1920年2月21日（农历庚申年正月初二日）

静安先生大鉴：

前上一书，计已鉴及。近惟新祺多吉为颂。《度量衡》一篇已编完，录呈教政（正）。将来征求实物颇觉困难，泉币[①]之学衡素未研究，如何着手，请示方针。专肃，敬请

著安，并颂

年釐[②]

后学马衡上言　二月廿一日

---

① 泉币：钱币，货币。有时特指古代的货币。

② 釐：即“禧”之意，幸福；吉祥。

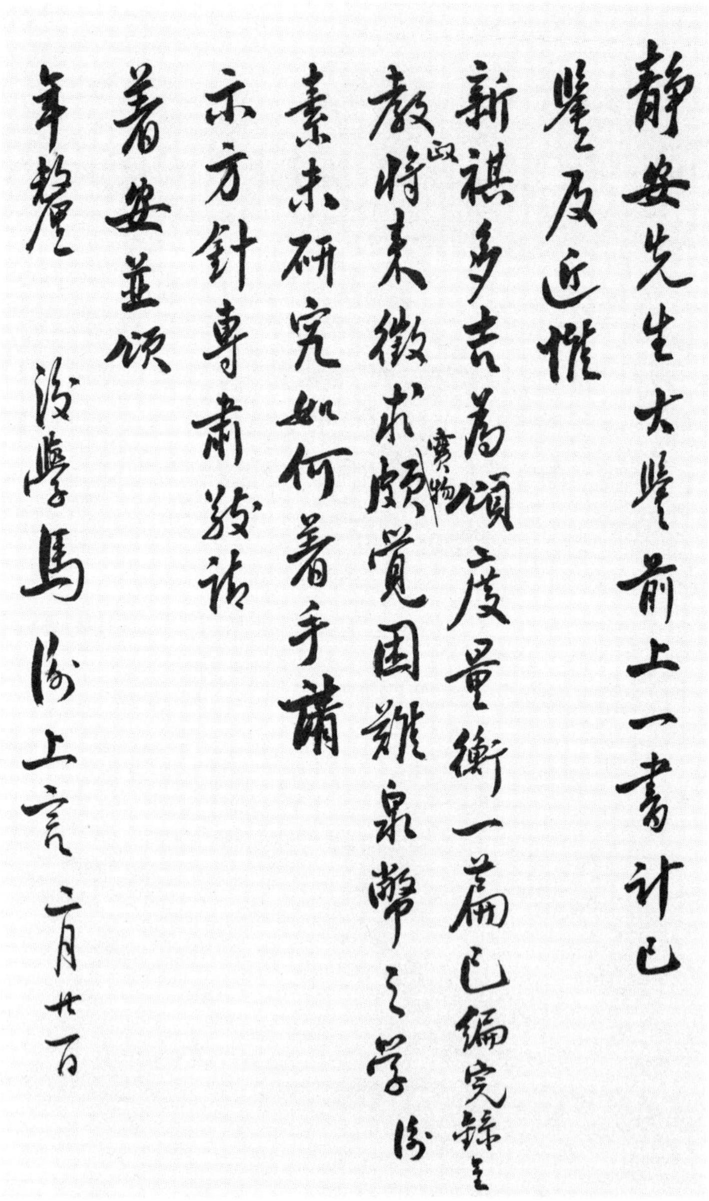

靜安先生大鑒：前上一書，計已
鑒及。近惟
新祺多吉為頌。度量衡一篇已編完，錄呈
教政。將來徵求實物頗覺困難，泉幣之學衡
素未研究，如何著手，請
示方針。專肅，敬請
著安，並頌
年禧。後學馬衡上言　六月廿日

1920年12月31日（农历十一月廿二日）

静安先生大鉴：

久疏问候，想起居当安善也。叔蕴先生到沪，计曾晤及。闻近已北旋。一星期前来京一行，惜未晤之。

大学讲席先生坚不欲就，而同人盼望之私仍未能已。拟俟研究所成立后先聘为通信研究之教授，不知能得先生同意否？又同人近组织一中华史学会，不拘京外同志，皆得为会员，每季出杂志一册，拟邀先生入会，谨寄呈草章一份。如蒙俯允，曷胜欢迎！专此布达，敬颂

撰安

后学马衡上言　十二月卅一日

来示请寄北京赵堂子胡同万宝盖八号 。

【按】1920年2月21日至1920年12月31日间，当有王国维致马衡信函若干，多为应马衡之请审阅《金石学讲义稿》“礼乐器”“度量衡”等章节条目的议论，并提出个人心得见解。马衡在《金石学讲义稿》中有多处引用王氏定论可证。这些信札有可能作为王氏定论原始依据与《金石学讲义稿》置于一处。另当有马衡代表北京大学再次邀请王国维的信函。原件均不知所在。

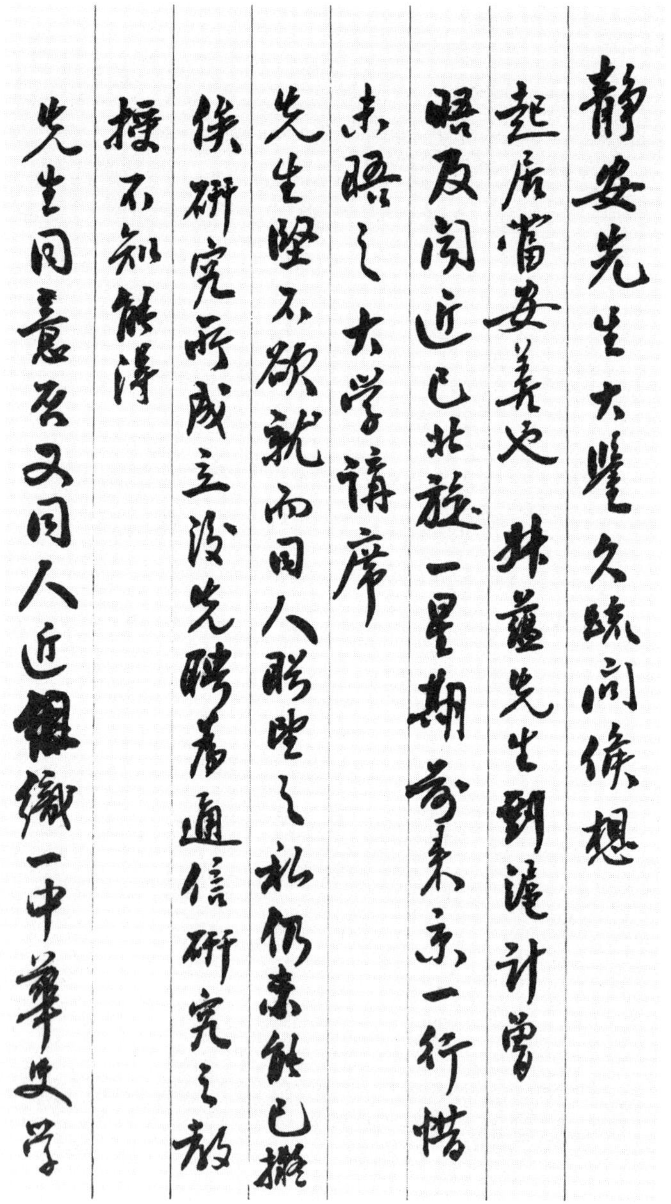
静安先生大鉴久疏问候想
起居当安善也林蕴先生到沪计曾
晤及闻近已北旋一星期前来京一行惜
未晤之大学讲席
先生坚不欲就而同人盼望之私仍未能已拟
俟研究所成立后先聘为通信研究之教
授不知能得
先生同意否又同人近组织一中华史学

會不拘京外同志皆得為會員每季出雜
誌一册概送
先生入會謹寄上草章一份如蒙
俯允曷勝歡迎專此布達敬頌
撰安　後學馬衡上言　十二月卅一日
來示請寄北京趙堂子胡同萬寶蓋八號

1921年2月6日（农历十二月廿九日）

叔平先生有道：

前辱手书，猥以俗冗，久稽裁答，甚以为歉。敬维起居多胜，定如遥颂。来书述及大学函授之约，孟劬[①]南来亦转述令兄雅意。惟近体稍孱，而沪事又复烦赜，是以一时尚得暇晷，俟南方诸家书略整顿后，再北上，略酬诸君雅意耳。

顷有一事足为兄陈者，华阳王君叔灖（闻诸秦中旧人）言及“克钟、克鼎”出土之地，乃在宝鸡县相对之渭河南岸。又其南即古大散关，而“克鼎”与“散盘”地理大有关系，可知“散氏盘”出土之处亦去彼不远；又可知“散氏”之“散”即后世之大散关矣。《水经注·渭水篇》：“大散关之南有周道谷。”而“散氏盘”亦有“周道”一地，从此“克”“散”二器可着手研究，此殆兄所极乐闻者也。

近病目已十余日，尚未全（痊）愈，岁事峥嵘，余俟再陈。专肃，敬候

起居不一

弟维顿首　小除夕

令兄幼渔先生前均此。

---

① 张尔田（1874—1945），字孟劬，号遁庵，杭县（今浙江杭州）人。近代历史学家、词人。1921年后，先后在北京大学、北京师范大学、燕京大学等校任中国史和中国文学的教授。

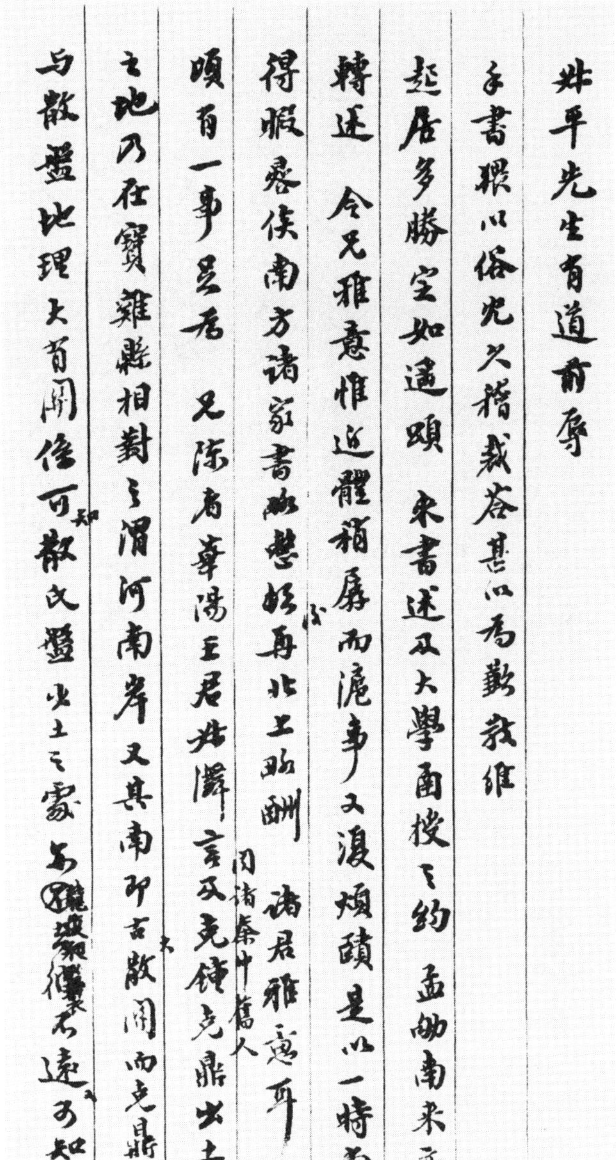
叔平先生有道：前辱
手書，猥以俗冗，久稽裁答，甚以為歉。敬維
起居多勝，定如遠頌。來書述及大學函授之約，孟劬南來，亦
轉述令兄雅意。惟近體稍孱，而滬事又復煩賾，是以一時尚不
得暇。暑假俟南方諸家書版整好，再北上以酬諸君雅意耳。
頃有一事奉告：兄陳肩華陽王君姓瀞言及克鐘、克鼎出土（因諸秦中舊人）
之地乃在寶雞縣，相對之渭河南岸，又其南即古大散關，而克鼎
與散盤地理大有關係，可知散氏盤出土之處與（克鼎）不遠，又可知

散氏之散即後世之大散關矣。水經注渭水篇大散關之南有周道谷，而散氏盤亦有周道一地，從此克、散二器可著手研究，此殆兄所樂聞者也。近病目二十餘日，尚未全愈，歲事峥嵘，餘俟再陳。專肅，敬候

起居不一

弟維頓首　小除夕

令兄幼漁先生前均此

龍復興監製

1921年3月6日（农历辛酉年正月廿七日）

静安先生大鉴：

昨得复书，敬承一是。眼病新愈，尚祈休息静养为祷。“四时嘉至钲”见于《捃古录》，目者二器，其铭皆作摇钟。一为《西清古鉴》摹本，一为吴氏拓本（吴氏本无“四时”二字）。想皆非先生所见之器也。“攻吴冰鉴”①，山西出土，见于《山右金石志》（器大等于克鼎）。第五字不能识，与“商距末”②“国”下一字同，“齐侯罐”亦有“国差”，字而下从左，今寄呈照片及墨本各一纸，乞鉴定赐教为幸。

近见平君玉印，亦新出土者，文字精绝，而首一字不能识，必七国时物也。

《讲义稿》一纸录呈教政（正）。叔蕴先生日前来京纵谈，竟日甚快，前日早车已返津矣。专肃，敬颂

撰安

后学马衡上言　三月六日

---

① 攻吴冰鉴：名曰《攻吴王夫差鉴》，为夫差所铸器。《说文》“金部”说：“鉴，大盆也。”《周礼·天官·凌人》郑玄注曰：“鉴如甀，大口，以盛冰，置食物于中，以御温气。”腹内铭文三行十三字。于清同治年间在山西代县蒙王村出土。

② 距末：此物为弓弩两端承弦构件，传世及出土有铜质、骨角质的，有三件青铜质的自名为“距末”，当为弓末异名。

【按】“昨得复书”所示，1921年2月6日至3月6日间，当另有王国维与马衡往来书信若干函。原件佚失。

靜安先生大鑒：昨得復書，敬承一是。眼病新
愈，尚祈
休息。靜叅為鑄四時嘉至鉦見於攈古録目者
二器，其銘皆作揺鐘，一為西清古鑑摹本，一為吳氏
拓本，吳氏本無四時二字，想皆非
先生所見之器也。攻吳冰鑑，山西出土，見於山右金
石志，器大字小非真器。第五字不能識，與商距末國下一字同。齊庚鎛
亦有國差字而下从左。今寄呈此片及墨本各一

紙乞
鑒定賜教為幸。近見[illegible]平君玉印，亦新出土者，
文字精絕，而首一字不能識，必七國時物也。講義
稿一紙錄呈
教政。姊蘊先生日前來京，縱談竟日，甚快，
前日早車已返津矣。專肅，敬頌
撰安
後學馬衡上言 三月六日

1921年3月15日（农历二月初六日）

静安先生大鉴：

昨奉手书，敬悉。“玨”“拜”二字古通之说，记得先生曾发之，然遍检不得。今读来书，始忆前所见者，稿本也。衡记忆力之差，类多如此，常以此自憾。

“骨币笵母”之出小屯，衡亦以此为疑，屡以质之，叔蕴先生以为不误。不知究竟若何？此事非目验不足征信。闻小屯尚有一处未经发掘，衡正怂恿大学价购此地，拟于春假（四月一日）时亲往查勘。未知此愿能偿否也。《泉币讲义》未见实物，终难自信，因于日前赴津观叔蕴先生所藏古贝布，并得聆其绪论，始恍然有所悟。归而改编，录以呈政（正）。“冰鉴”第五字，先生以《三体石经》“”字证为“差”字，甚当。惟“距末”之文，前人皆读为左行，衡以为当右行读之，当曰“国差”。商末用作“距”，“距”必是器名，“国差”二字相联为文，与“齐侯鐈”同。先生以为然否？即如薛书“单癸卣”，亦当右行，而前人皆读作左行。深明古籀如孙君仲颂犹沿其误（见《古籀拾遗》）。若如衡说，读之则文义俱顺，无烦曲解矣。冰鉴之器决非伪作，所可疑者文字，然著其器名曰“鉴”，而形制又与许郑之说合，非作伪者所能办也。“工虞”或是官

名，而“王大”或“王大差”为人名，则又不类，质之，先生以为何如？专肃，敬颂

著安

后学马衡上言　三月十五日

【按】“昨奉手书”，可证3月15日前当有王国维致马衡书一函。原件不知所在。

靜安先生大鑒：昨奉
手書敬悉。廷拜二字，直之說記得
先生曾發之，然編檢不得，今讀
來書，始悟前所見者稿本也。衡記憶力之差類多
如此，常以此自憾。骨幣範母之出小屯，衡亦以此為疑，
屬以質之叔蘊先生，以為不誤，不知究竟若何。
此事非目驗不足徵信。聞小屯尚有一家未經發掘，
衡正慫恿大學價購此地，擬於春假（四月一日）時親往查勘

未知此願能償否也泉幣講義未見實物終難自信因於日前赴津觀 林蘊先生所藏古貝布並得聆其緒論始恍然有所悟歸而改編錄以呈政氷鑑第五字

先生以三體石經咎字證爲差字甚當惟距末之文前人皆讀以爲左行所以爲當右行讀之當曰國差商末用作距是也〻〻然是器名國差二字相聯爲文與齊侯鐔同

先生以爲然否即如薛書單癸卣亦當右行而前人

皆讀作左行深明古籀如孫君仲頌（見古籀拾遺）猶沿其誤若

如衡說讀之則文義俱順無煩曲解矣冰鑑之器

決非僞作所可疑者文字殊著其器名曰鑑而形制

又與許鄭之說合非作僞者所能辦也工虞或是

官名而王大或大王差爲人名則文不類質之

先生以爲何如專肅敬頌

著安　後學馬衡上言　三月十五日

1921年4月14日（农历三月初七日）

静安先生大鉴：

前月曾上一书，附呈改编之《泉币讲义》，久未得复，深以为念。近惟起居安善，定符私颂。春假期内，衡本欲作殷墟之游，后因事未果，仅赴天津一行，晤叔蕴先生，畅谈两次，回京已一旬矣！《讲义》已编至“符、玺”，先录一节呈政（正）。秦阳陵虎符，左右同在一处[①]，终不可解。符之制，除会符时一合外，余时决不能合并，此实为一大疑问也。又宸豫门闭门符，亦于事理不合，开门用符，所以慎其出纳，若闭门，则无防奸之理。此二事不知先生以为如何？幸赐教，为感。专肃，敬颂

著安

后学马衡上言　四月十四日

---

① “秦阳陵虎符”左右各有错金篆书铭文两行十二字，书曰：“甲兵之符，右才（在）皇帝，左才（在）阳陵。”

【按】马衡《金石学讲义稿》第三章条目“符”一节有“阳陵符”先出，王国维考证甚详，定为始皇初并天下文字未统一以前所作。而后在“牌”“玺印”“封泥”三节中，都引有王氏考证，可鉴1921年4月14日后，马衡与王国维当有若干往来信函，讨论上述条目。王国维1921年11月9日函曰“夏初一别，……”可证马衡暑假期间返沪与王国维曾有访谈。

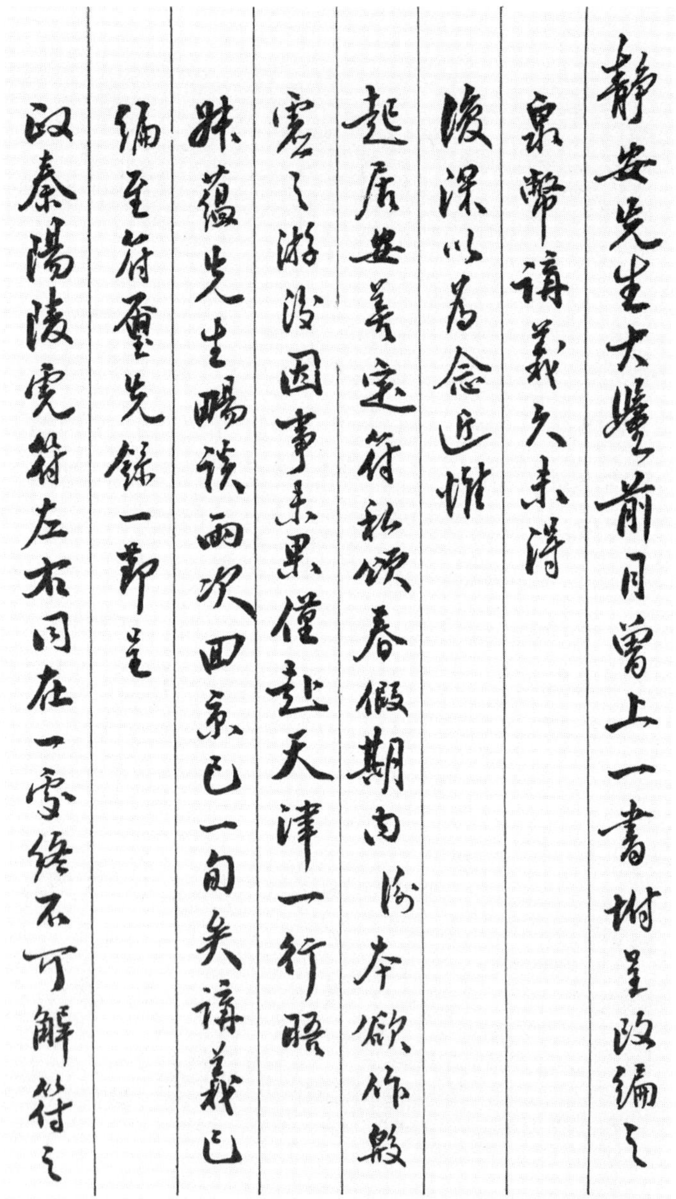

靜安先生大鑒：前月曾上一書，諒呈 改編〻
泉幣講義久未得
復，深以為念。近惟
起居無恙，定符私頌。春假期內除本欲作數
處之遊，後因事未果，僅赴天津一行，晤
林蘊先生暢談兩次，回京已一旬矣。講義已
編至符璽，先錄一節呈
政。秦陽陵虎符左右同在一處，終不可解。符〻

剔除會符時合一外餘時決不能合併此實為一
大疑問也又宸豫门閘门符忽于事理不合開门
用符所以慎其出纳若閘门則無防奸之理此
二事不知
先生以為如何幸
賜教為感專肅敬頌
著安　後学馬衡上言　四月十四

1921年11月2日（农历十月初三日）

静安先生大鉴：

久疏问候，惟兴居嘉胜为颂。顷晤孟劬先生，言及敦煌写本《切韵》经先生校订写定，即将排印，加惠士林，实深欣忭。但排印需时，不能快睹，同人犹以为憾事。拟请代雇书手抄录一本见寄，计值若干即当寄呈。琐渎清神，尚祈鉴谅！

《古书流通处书目》三十三页，载有《修文御览》[①]三百六十卷，不知是真是伪。此书既在人间，且又完全无缺，何以无人称道及之，恐系集抄《太平御览》等书所成。先生近在咫尺，当已见之，乞见示一二，为感！专肃，敬颂

著安

后学马衡上言　十一月二日

---

① 《修文御览》：即《修文殿御览》，是北齐后主高纬时官修的一部类书。共360卷。内容分55个部类，部下240个子目。《修文殿御览》的命名是取北齐武城令宋士素的书，他曾搜集古来帝王言行要事三卷名为《御览》。

【按】马衡并不研习音韵学，而此函所表对《切韵》之关注，实为其兄马裕藻、好友钱玄同代言。此后至1922年2月13日间，二人往来信函，均系商讨北京大学同人集资刊印《切韵》一事。

靜安先生大鑒久疏問候惟
興居嘉勝為頌頃晤孟劬先生言及敦
煌寫本切韻經
先生校訂寫定即將排印加惠士林實
深欣忭但排印需時不能快覩因人猶以
為憾事擬請
代僱書手抄錄一本見寄計值若干
即當寄呈頊瀆

清神尚祈
鑒諒　古書流通處書目三十三頁載有修
文御覽三百六十卷不知是真是僞此書
既在人間且又完全無缺何以無人稱道
及之　恐係集抄太平御覽等書所成
先生近在咫尺當已見之乞
見示一二爲感　專肅致頌
著安　後學馬衡上言　十一月二日

1921年11月9日（农历十月初十日）

叔平先生左右：

夏初一别，正深驰系，近接手翰，敬审起居多胜为颂。敦煌出唐写本《切韵》，巴黎所藏、伯希和教授所寄者计三种：一存上声“海”至“铣”，似陆法言原本；一存平声“东”至“鱼”，前有陆法言及长孙讷言二序，并平声上分目，有长孙增字及增注，乃长孙讷言笺注本；一存一、二、四、五共四卷，卷一首与卷五尾又有阙，有长孙所增字及类似长孙之注，疑是长孙注节本，此种最完且多。原影本一时未能印行。弟故竭二十日之力，照其行款写一副本，颇拟将此副本付书坊，先以行世，而字太小且率，恐不易明了，故尚与书坊交涉。原本误字极多，又思作一校记，亦虑篇幅太巨，须增于原书数倍，而近又鲜暇，故亦尚未着手。尊属（嘱）觅人录副，然此间写官亦不易觅，俟与书坊商议能印与否，再行奉闻。其分部之法尚可窥见，次第具如《唐韵》，而平声无“移”“谆”“桓”“戈”四部，上声无“准”“缓”“果”三部，入声无“术”“曷”二部。弟见此书后，已将前所撰《续声韵考》改削小半矣。弟前疑《切韵》次第必如《唐韵》，而以整齐画一之功归之李舟，今乃得见陆氏原书证之，诚为大幸。

近日学术界有新发见否？专此奉复，敬请

撰安不一

弟维再拜　初十日

幼渔先生前，乞代致候。

叔平先生左右夏初一別正深馳系近接
手翰敬悉
起居多勝爲頌敦煌出唐寫本切韻巴黎所藏伯希和教授所寄者計
三種一存上聲海至銑似陸法言原本一存平聲東至魚前有陸法言及長
孫訥言二序并平聲上分目有長孫增字及增注乃長孫訥言箋注本一存一二四
五共四卷卷一首尾又有闕有長孫所增字及數似長孫之注疑是長孫
注節本此種最爲完善且多原影本一時未能印行弟故竭二十日之力照其行
款寫一副本嗣擬將此副本付書坊先以行世而字太小且率寫不易明了故

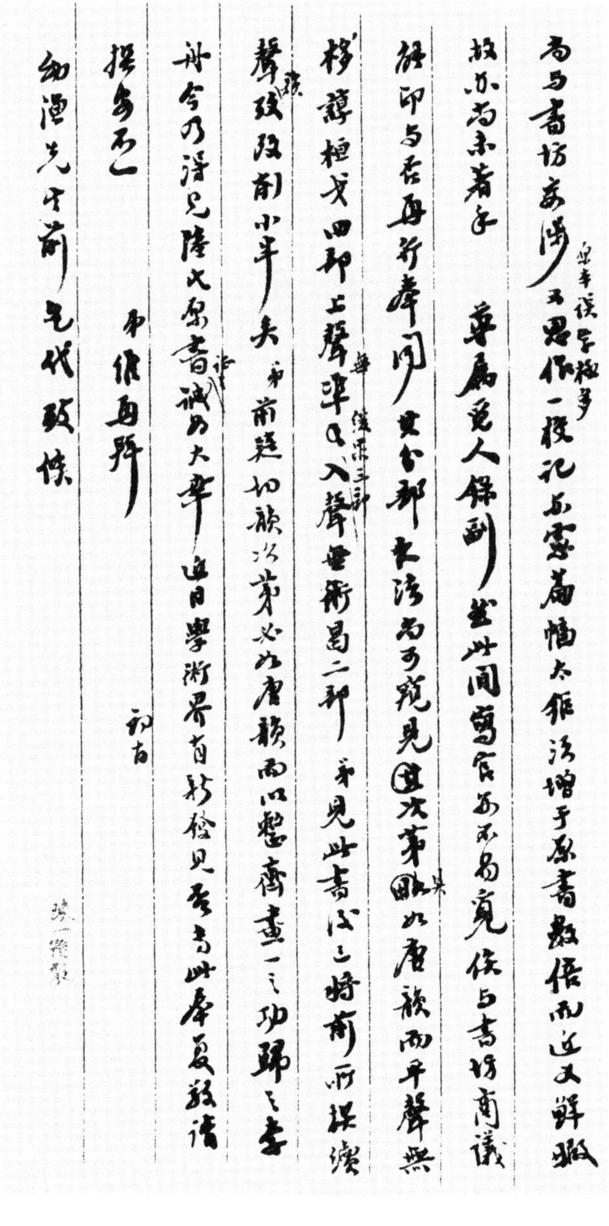
為與書坊交涉（[illegible]）不思作一校記，[illegible]篇幅太鉅，須增于原書數倍，而近又鮮暇，
故亦尚未着手。尊處覓人錄副，然此間寫官亦不易覓，俟與書坊商議
影印與否再行奉聞。[illegible]尚可窺見，[illegible]略如唐韻，而平聲無
[illegible]桓戈四部，上聲準此，入聲無術曷二部，弟見此書以之與前所採[illegible]
聲[illegible]前小半矣。弟前疑切韻以[illegible]必如唐韻，而[illegible]一，其功歸之李
舟，今乃得見陸氏原書，誠為大幸，近日學術界首[illegible]當為此本最[illegible]。諸
[illegible]　弟[illegible]再拜　初十
劭西先生前乞代致候

1921年11月30日（农历十一月初二日）

静安先生大鉴：

前得复书，藉悉近状，甚慰！敦煌本《切韵》为唐写本，然则旧以为五代刻者，是传闻异词矣！跂望数年，忽闻寄到影本，何等快慰！况又经先生整理校订，以嘉惠后学，其先睹为快之心遂不觉更切。来书言写手不易觅，书坊代印之约又未订妥，且即使书坊允为代印，亦非两三月不能出版，今拟要求先生可否将所录之本挂号邮示，俾同人等录一副本？途中往返以半月为期，如叶（页）数不多，能早录毕，则亦当于最短期间寄缴。如蒙俯允，同人等受惠多矣！专恳，敬颂

著安

后学马衡上言　十一月三十日

靜安先生大鑒　前得
霞書藉悉
近狀甚慰　敦煌本切韻為唐寫本
然則應以為五代刻者是傳聞異詞
矣　跂望數年忽聞寄到影本何
等快慰　況又經
先生整理校訂以嘉惠後學　其先
覩為快之心遂不覺更切
來書言寫手不易覓　書坊代印之
約又未訂妥　且即使書坊允為代

印亦非兩三月不能出版今擬
要求
先生可否將所錄之本挂號郵
示俾同人等錄一副本途中往返
以半月為期如葉數不多能早
錄畢則亦當於最短期間寄
繳如蒙
俯允同人等受惠多矣專懇敬頌
著安 後學馬衡上言 十一月三十日

1921年12月8日（农历十一月初十日）

叔平先生执事：

前日奉手教，敬悉一切。《切韵》事，前与商务印书馆商印，竟无成议，刻向中华局人商印书之价，此书共六十纸，据云印五百部不及二百元。因思大学人数既众，欲先睹此书者必多，兄能于大学集有印资，则当以四百部奉寄，余一百部则罗君与弟留以赠人。（因思阅此书者颇多，如欲印，则二十日中可以告成。）如公以此举为然，则当令估印价，奉闻。若印千部，则所增者仅纸费而已，请示。能于月内付印，则年内尚可出书也。专此，敬请

撰安不一

弟维顿首　初十日

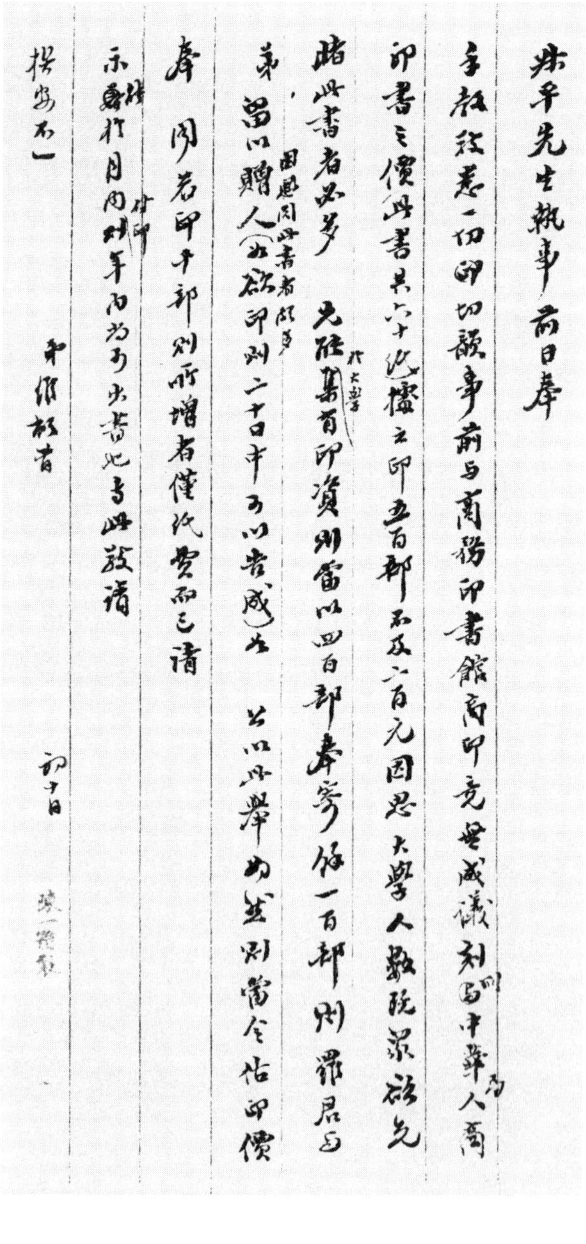

叔平先生執事：前日奉
手教，敬悉一切。印切韻事，前與商務印書館商印，竟無成議；刻與中華人商
印書之價，此書共六十紙，攝石印五百部，不及二百元。因思大學人數既眾，故先
睹此書者必多（因思閱此書者頗多），先從北大學集百印資，則當以四百部奉寄，餘一百部則歸君與
弟留以贈人（如欲印則二十日中可以告成也）。其以此舉為然，則當令估印價
奉聞。若印千部，則所增者僅紙費而已。請
示覆，儘於月內付印，則年內為可出書也。專此，敬請
撰安，不一。
弟維頓首
初十日

1921 年 12 月 13 日（农历十一月十五日）

静安先生大鉴：

昨得复书，敬悉。《切韵》集股付印，甚善，甚善！大学同人可以全数分任，惟因积欠薪脩问题，一时不易收齐。可否商诸中华书局先行开印？预计毕工之日，股款必可收齐，届时当汇交先生转付。出书后先生取百部，同人等取四百部，当如尊约也。专复，敬请

撰安

后学马衡上言　十二月十三日

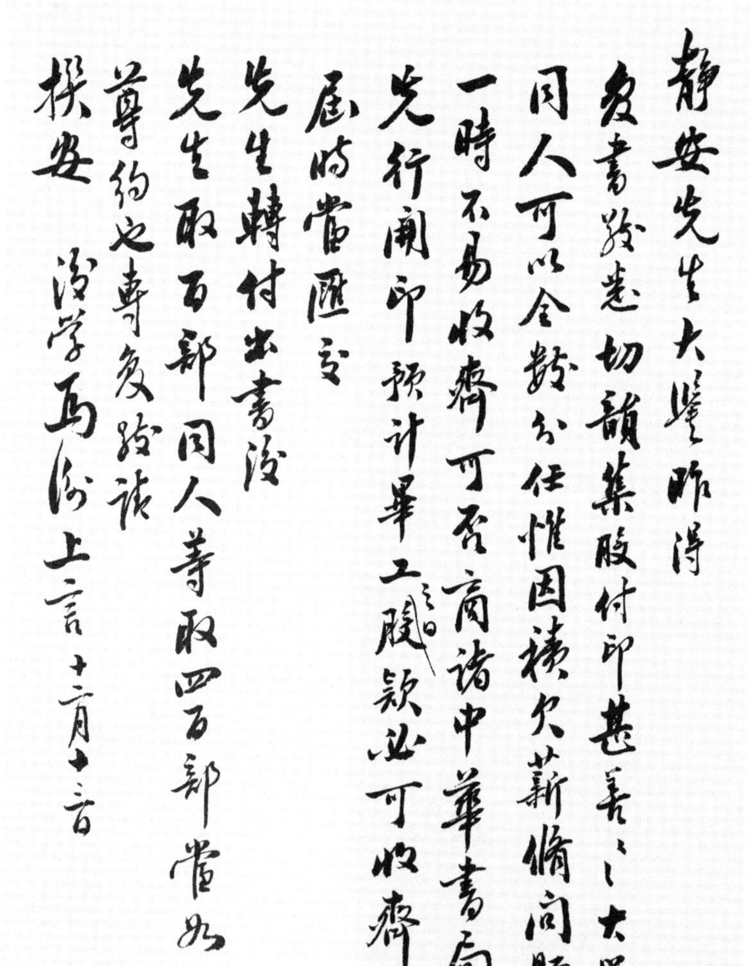
静安先生大鉴：昨得
复书，敬悉一切。韵集股付印甚善甚善。大学
同人可以全数分任，惟因积欠薪俸问题
一时不易收齐，可否商诸中华书局
先行开印，预计毕工之日股款必可收齐，
届时当汇交
先生转付。出书后
先生取百部，同人等取四百部，当如
尊约也。专复，敬请
撰安。后学马衡上言 十二月十二日

1921年12月20日（农历十一月廿二日）

叔平先生左右：

昨接手书，敬悉一切。《切韵》已交中华书局，属（嘱）其估价即印。计用四开连史纸印刷，并纸价、装钉（订）、运京，

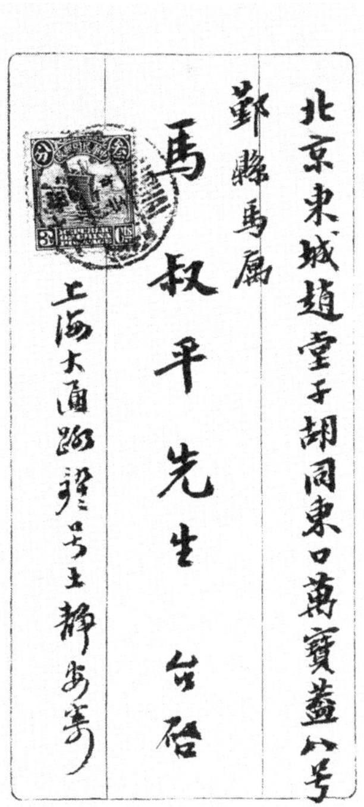

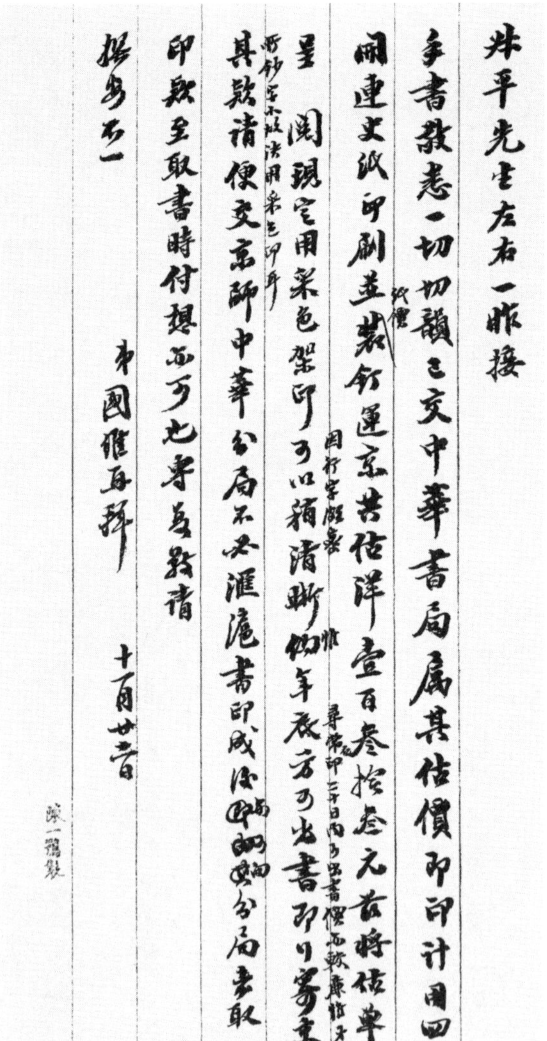

叔平先生左右：昨接
手書，敬悉一切。囑之交中華書局，屬其估價即印，計用四
開連史紙印刷並裝釘運京，共估洋壹百叁拾叁元。茲將估單
呈閱。現定用采色照印，可以稍清晰，約年底方可出書，即寄京。
其款請便交京師中華分局，不必匯滬。書印成後，即由京分局來取，
印款至取書時付之可也。專此敬請
撰安
弟國維再拜 十月廿三日

印件估價單

估字第 4031 號

委印唐寫本切韻殘卷一書，用原本照相石印，照○開

本大小，正書係空五十八頁，用中國連史紙印，廣面用古色紙

包線穿訂，印五百部，內四百部須代為運至北京，計估價如下

共計紙料、印工、運費等洋壹百叁拾叁元正

正書倘足增加，每頁加洋壹元九角正

此請

台核

彩色玻璃印及單色印亦可 右估價係彩色玻璃印

亦係精拙，極不易出貨

若單玻璃印，二十日內可寄去

價可比估價再便宜，而不及彩色玻璃精色

十年十二月十九日

上海中華書局印刷所 簽

敬示為荷 欣木

後面載有定印簡章務請細閱

上海靜安寺路一百九十二號門牌◉電話西一千一百五十二號

共估洋壹百叁拾叁元，兹将估单呈阅。现定用采（彩）色架印（因行字颇密），可以稍清晰。惟年底方可出书，即行寄京〔寻常印二十日内可出书，价亦较廉，惟弟所抄字小，故决用采（彩）色印耳〕。其款请便交京师中华分局，不必汇沪，书印成后，亦可到分局去取。印款至取书时付，想亦可也。专复，敬请
撰安不一

弟国维再拜　十一月廿二日

【按】彩色印刷为王国维最初之设想，最终仍取用较简易的墨色石印。札末附中华书局高时显（字欣木）手拟估价单。此函现藏鲁迅博物馆。

1921年12月25日（农历十一月廿七日）

静安先生大鉴：

昨得来书，并中华书局估价单一纸，敬悉。《切韵》既已付印，则出版有期，不胜欣慰。印价亦甚廉。日内当催收股款，尽年内汇交中华京局[①]。惟先生所需之百部，似可在沪留下，同人等在京局领收四百部可也。专复，敬请

撰安

后学马衡上言　十二月廿五日

---

① 中华京局：指京师中华分局。

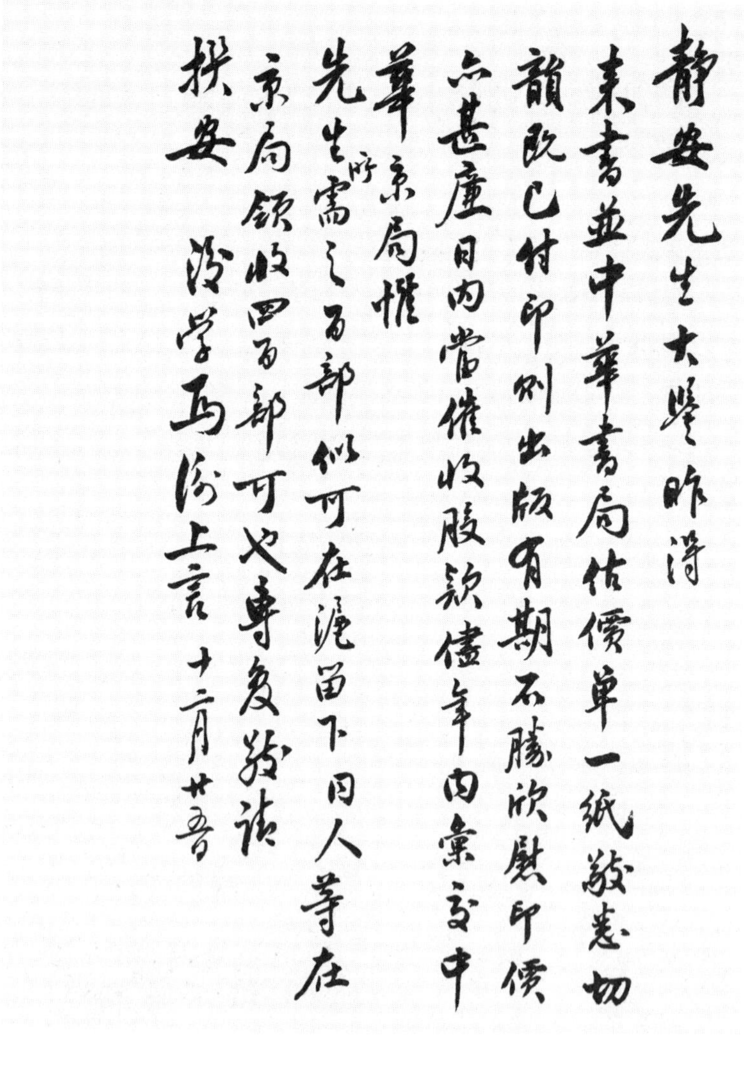

静安先生大鉴昨得
来书并中华书局估价单一纸敬悉切
韵既已付印则出版有期不胜欣慰印价
亦甚廉日内当催收股款尽年内汇交中
华京局惟
先生所需之百部似可在沪留下同人等在
京局领收四百部可也专复敬请
撰安　后学马衡上言　十二月廿五

1922年1月11日（农历十二月十四日）

静安先生大鉴：

前得手书，敬承一是。《切韵》年内出版，近日当在装订矣！惟闻中华分局人言，向来运书必用木箱装置，须一两月方可运到。此次运书，可否要求其变通办法以速为贵？即使运费略昂，亦无不可，乞与中华商之，当非难事也。昨接叔蕴先生书，惊悉君楚[①]兄已作古人，从此学术界又少一精心研究之人，殊堪痛惜也。专此布达，敬颂

撰安

后学马衡上言　一月十一日

《切韵》印价及运费已与中华京局说明，统于年内在京付清。并闻。

---

① 君楚：即罗福苌（1895—1921），字君楚。祖籍浙江上虞，出生于江苏淮安，语言学家、历史学家，罗振玉的次子。

靜安先生大鑒前得
手書敬承壹是切韻年內出版近日當在裝訂矣
惟聞中華分局人言向來運書必用木箱裝置
須一兩月方可運到此次運書可否要求其變
通辦法以速為貴即使運費略昂亦無不可乞
與中華商之當非難事也昨接 叔蘊先生
書驚悉君楚兄已作古人從此學術界又少
一精心研究之人殊堪痛惜也專此布達敬頌
撰安　後學馬衡上言　一月十一日
切韻印價及運費已與中華京局說明統於
年內在京付清並聞

1922年2月7日（农历壬戌年正月十一日）

静安先生大鉴：

阴历初二日得手书，知《切韵》百部已由邮局寄京，次日即向京局取来分致同人，无不称快。新岁获睹异书，何幸如之！叔蕴先生日前来京，尚未见此印本，因以一册赠之。

近出一隋虎符，文曰“左翊卫虎贲中郎将第五”，为同乡方药雨所得。前此所见诸隋符，皆十二卫与各府为虎符，此何以云“虎贲中郎将”？且《隋志》只言“每卫有武贲郎将四人”，无“中”字。究不知此符是真是伪，想先生必有定论。幸有以教之。专布，敬请

撰安

后学马衡上言　二月七日

【按】“阴历初二日得手书”，即1922年1月29日、阴历正月初二日，当有王国维致马衡书一函。原件不知所在。

静安先生大鉴：阴历初二日得
手书，知切韵二部已由邮局寄京，次日即
向京局取来，分致同人，无不称快。新岁获睹
异书，何幸如之。 蕴先生日前来京，尚未
见此印本，因以一册赠之。近出一隋虎符，文曰
右翊卫虎贲中郎将第五，为同乡方药雨
所得。检此所见诸隋符，皆十二卫与各府为虎（每卫有
四）符，此何以云虎贲中郎将？且隋志祇言武贲
郎将，无中字，究不知此符是真是伪。想
先生必有定论，幸有以
教之。专此，敬请
撰安。　后学马衡上言　二月廿

1922年2月13日（农历正月十七日）

叔平先生有道：

手书敬悉。《切韵》得兄纠资印行，得流传数百本以代钞胥，沪上诸公亦均分得一册，甚感雅意也。

“左翊卫虎贲中郎将虎符”恐不可信，因隋室讳“忠”，故官名或除去“中”字，或改“中”为“内”；唐则讳“虎”，又改用鱼符，故非隋唐之物；而隋以前又无“翊卫”之名，则此符疑是伪物也。

吴县曹氏藏敦煌出土《曹元忠刻毗沙门天王象（像）》，去冬借以景印，兹寄奉二纸，因函中不能多寄，敝处尚有之也。专肃，敬请

撰安不一

国维再拜　十七夕

幼渔先生前均此，不另。

【按】历时三个月，王国维抄录的《唐写本〈切韵〉残卷》刊印成书，然北京大学所得四百部岂是几个赞助人所能消化得了的。这幕后的隐情和马衡的良苦用心，恐怕是王国维先生永远也无缘明了的。以下二札可略见端倪。1922年2月3日胡适教授在致钱玄同一信中曾有建言：“《切韵》十部收到了。此书堆在我们这几个人家里，未免辜负了王先生的原意。我想北大同人应得的若干部，似可由你酌量定一个很低的价钱，将这些书交出版部及琉璃厂书（店）发卖，以广流传。我们每人有几部，（转下页）

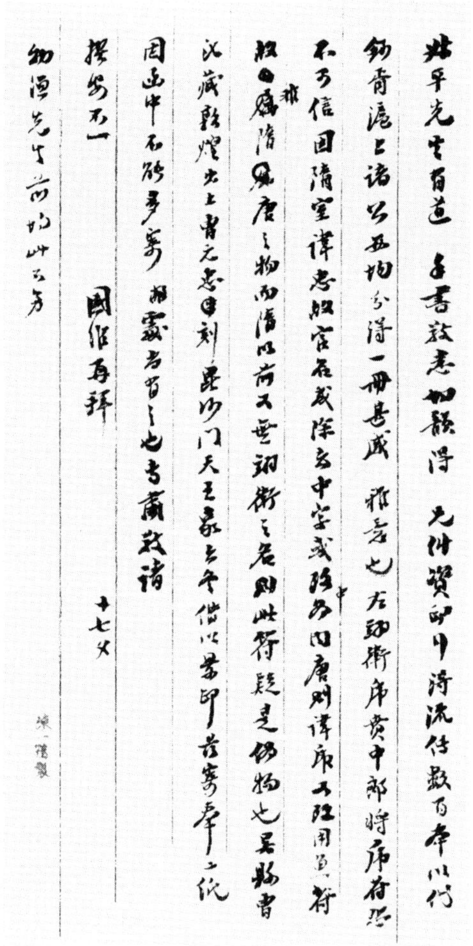
叔平先生有道　手书敬悉　切韵得 [illegible]
[illegible]
国维再拜　十七日

（接上页）也很够用了。卖出来的钱，或仍存储起来，作为翻印旧书之用。你以为如何？”（录自《钱玄同日记》所附影印件）又 1922 年 2 月上旬王国维在致友人徐乃昌信中道：“又《切韵》印本一册，请转交刘世兄。此书系北京大学友人嘱印，维处仅有五十本，已分送垂尽，此非卖品，恐将来不易得也。”（录自《王国维全集·书信》第 319 页）

1922年3月12日（农历二月十四日）

静安先生大鉴：

日前晤叔蕴先生，藉悉起居安善，甚慰，甚慰！

隋虎符已得拓本，是“虎贲郎将”，前云“中郎将”者，误也。《曹元忠造象（像）》印本能再赐数纸，尤感。

大学新设研究所国学门，请叔蕴先生为导师，昨已得其许可。蔡孑民[①]先生并拟要求先生担任指导，嘱为函恳。好在研究所导师不在讲授，研究问题尽可通信。为先生计，固无所不便；为中国学术计，尤当额手称庆者也。日内有敝同事顾颉刚先生南旋，当趋前面陈一切，务祈俯允。幸甚，幸甚！专肃，敬请

撰安

后学马衡上言　三月十二日

---

① 蔡孑民：蔡元培（1868—1940），字鹤卿，又字孑民，浙江绍兴山阴县人，中国著名教育家、政治家。1916年12月26日出任北京大学校长，革新北大，开“学术”与“自由”之风，致力于废除封建主义的教育制度，为我国教育、文化、科学事业的发展做出了富有开创性的贡献。王国维信札尊称其为“鹤老”。

靜安先生大鑒：日前晤叔蘊先生
藉悉
起居安善，甚慰甚慰。隋虎符已得拓本，
是虎賁郎將，前云中郎將者誤也。曾
元忠遺象印本能
再賜數紙，尤感。大學新設研究所
國學門，請叔蘊先生爲導師，昨已
得其許可。蔡孑民先生並擬要求
先生擔任指導，囑爲函懇。好在研究
所導師不在講授，研究問題儘可通信爲

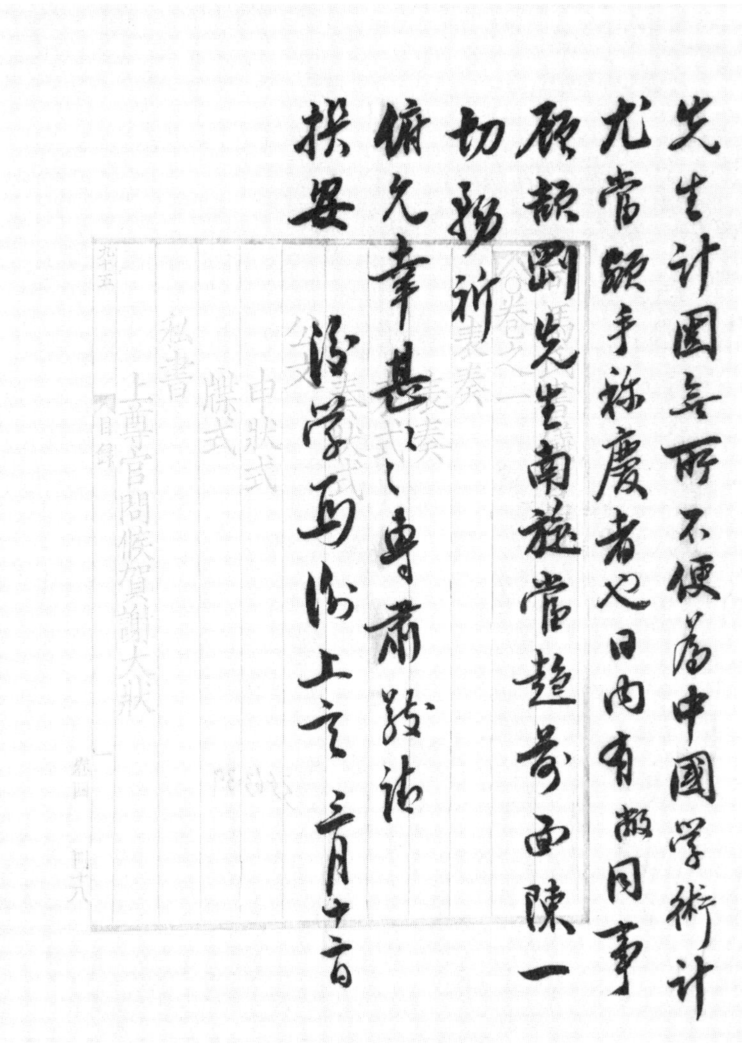

先生計國無所不便為中國學術計

尤當額手稱慶者也日內有敝同事

顧頡剛先生南旋當趨前面陳一

切務祈

俯允幸甚幸甚專肅敬請

撰安　後學胡適上言　三月十二日

1922年3月14日（农历二月十六日）

静安先生大鉴：

昨呈一书，计蒙鉴及。大学同人望先生之来若大旱之望云雨，乃频年敦请，未蒙俯允。同人深以为憾。今春设立研究所国学门，拟广求海内外专门学者指导研究。校长蔡孑民先生思欲重申前请，乞先生之匡助，嘱为致书，征求意见。适所中同人顾颉刚[①]先生南旋，趋前聆教，即烦面致，并请其详陈一切。想先生以提倡学术为己任，必能乐从所请。专肃，敬请

撰安

后学马衡上言　三月十四日

---

① 顾颉刚（1893—1980），江苏吴县人，历史学家。1920年北京大学哲学系毕业，留校任助教。

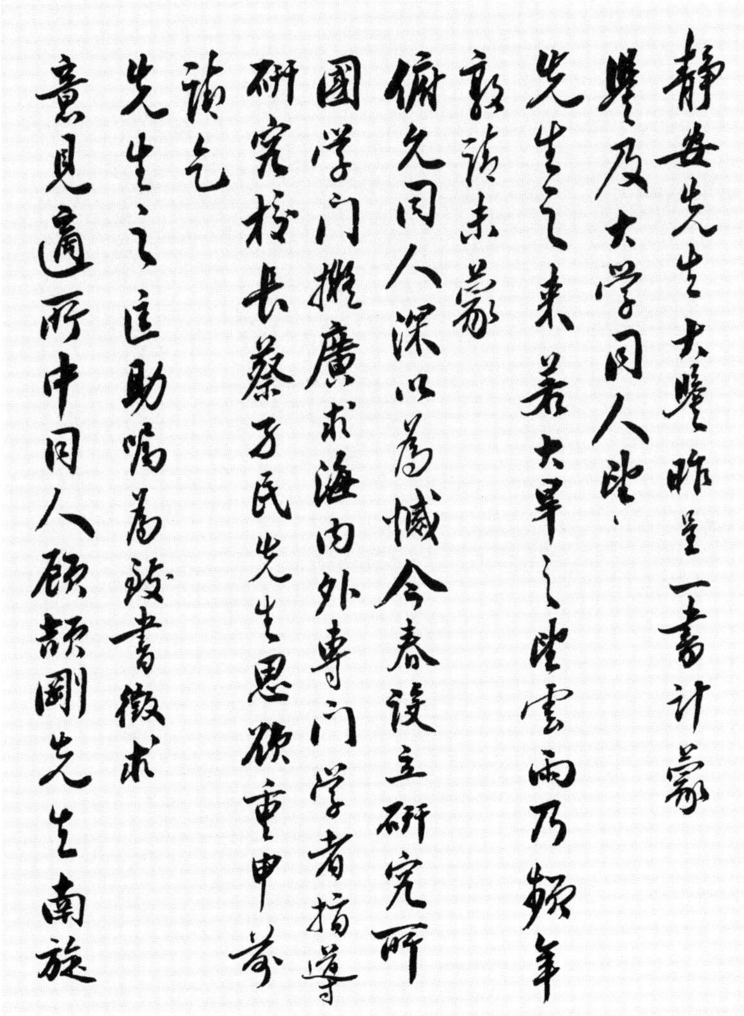

静安先生大鉴：昨呈一书，计蒙鉴及。大学同人盼先生之来，若大旱之望云雨，乃频年敦请，未蒙俯允，同人深以为憾。今春设立研究所国学门，推广求海内外专门学者指导研究，校长蔡孑民先生思欲重申前请，乞先生之匡助，嘱为致书征求意见。适所中同人顾颉刚先生南旋

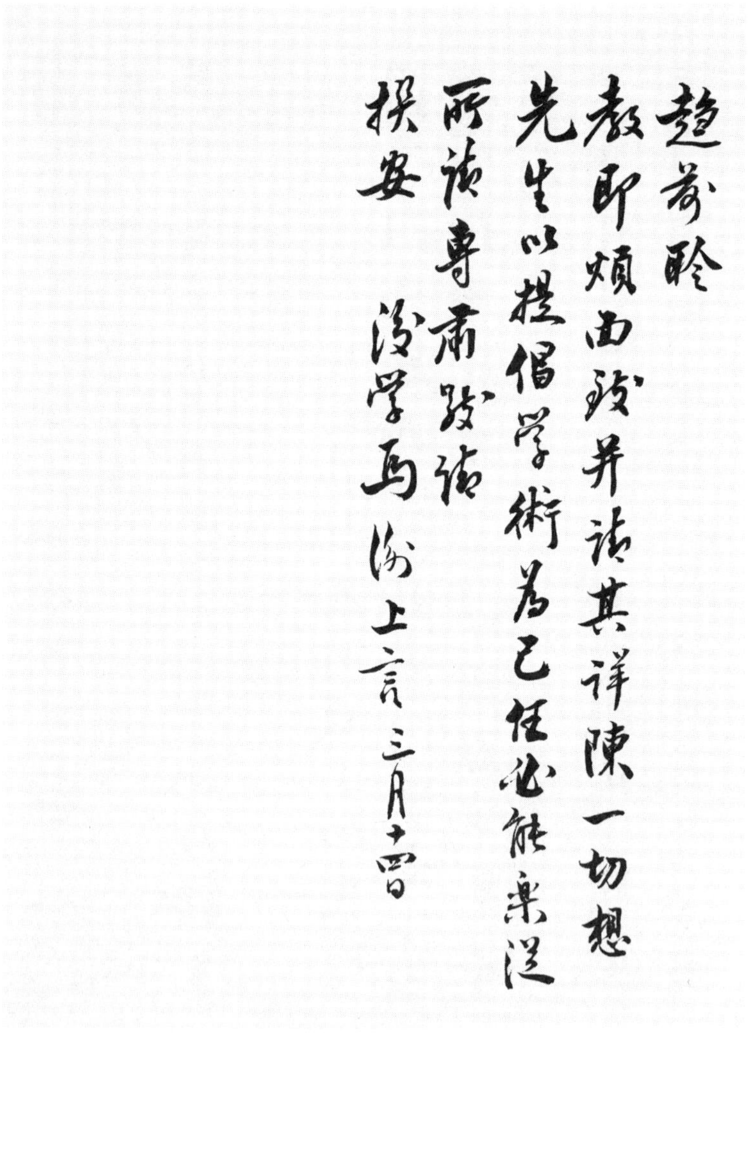

趨聆
教即煩面致并請其詳陳一切想
先生以提倡學術爲己任必能樂從
所請專肅致請
撰安
後學馬衡上言　三月十四日

1922年4月16日（农历三月二十日）

静安先生大鉴：

日前得读复书，敬悉。蒙惠《曹元忠造象（像）》影印本三十纸，感谢，感谢！大学研究所国学门承允担任指导，同人闻之，不胜欣慰。聘书当于明后日寄呈也。

研究所现正编辑季刊四种，中有《国学季刊》《文艺季刊》（文学艺术皆属之），拟征求先生近著，分别登载。想先生近两年来著述未刻者甚多，且多属于此两门范围之内，务求多多赐教，以资提倡，无任感祷！《曹元忠造象（像）》能否印入《文艺季刊》中，亦祈示遵。又法国伯希和博士关于东方古言语学之著述，先生曾将译稿付衡，本拟刊入《史学杂志》中，而该杂志迄今未能出版，殊负盛意，今将刊入第一期《国学季刊》中，已由胡适之先生校勘一过，其中尚有疑问，特将原稿寄呈审定，并附适之原函，乞察核。专此，敬颂

著安

后学马衡上言　四月十六日

叔蕴先生已允编辑关于心性学之著述刊入《国学季刊》中。

【按】4月16日前马衡得王国维复书一函，王承允担任北京大学研究所国学门指导。原件不知所在。另，此札所言之《国学季刊》因故延至1923年1月才刊发第一卷第一期。

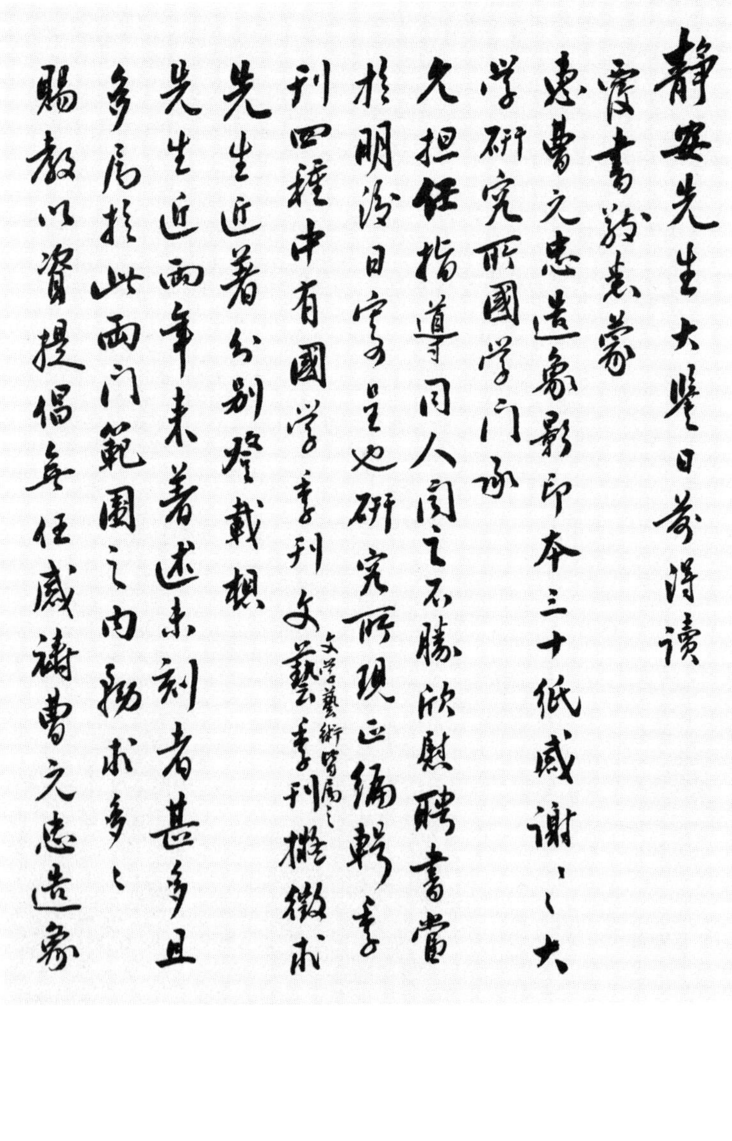
静安先生大鉴：日前得讀
覆書，豁悉。蒙
惠曹文忠遺象影印本三十紙，感謝感謝。大
学研究所國学门承
允担任指導，同人聞之不勝欣慰。聘書當
於明後日寄呈也。研究所現正編輯季
刊四種，中有國学季刊、文藝季刊（文学藝術皆屬之），擬徵求
先生近著分别登載，想
先生近兩年來著述未刻者甚多，且
多屬於此兩门範圍之内，務求多多
賜教，以資提倡，無任感禱。曹文忠遺象

能否印入文藝季刊中亦祈
示覆。又法國伯希和博士函於東方古
言語學之著述
先生曾將譯稿付弟本擬刊入史學雜
志中而該雜志迄今未能出版殊負
盛意今將刊入第一期國學季刊中已由
胡適之先生校勘一過其中尚有疑問
特將原稿寄呈 審定並附適之原函乞
察核專此敬頌
著安 弟馬裕藻上言 四月十六日
姝蘊先生已允編輯函於心性學之著述刊入國學季刊中

1922年7月28日（农历六月初五日）

静安先生大鉴：

久未致书，奉候起居。前月郑君介石[①]南旋，将欲造访，曾托其致意。昨得其来书，知近状胜常，甚慰，甚慰！大学会计课昨送来两个月脩金共计洋二百元，嘱为转呈左右，以后仍当陆续汇寄云云。兹托沪友奉上，乞察收，示复为荷。

叔蕴先生前以万余金购得清内阁档案，尚余一部份（分），已由历史博物馆移交大学。日来正从事整理，但数量太多，恐非一二年不能蒇事。

闻叔蕴先生言，日本所藏唐尺[②]，尊处有摹本，乞以洋纸画一本见示（洋纸不致伸缩），以便依样仿制。专肃，敬请

撰安

后学马衡上言　七月廿八日

衡已迁居东单小雅宝胡同四十八号，并闻。

---

① 郑介石：郑奠（1896—1968），字石君，又字介石，浙江省诸暨县人。1915年考入北京大学中国文学系，1920年毕业，时任北京大学中国文学系助教。

② “日本所藏唐尺”是指日本奈良正仓院收藏的中国唐代丈量器物。有关唐尺的考订和研究，首推王国维1922年撰《日本奈良正仓院藏唐六尺摹本跋》，由此开创了用科学方法考证度量衡器物的先河。接着，刘复、马衡、励乃骥等对王莽嘉量做了更精确的测量和计算，求证了莽量的尺度值合。

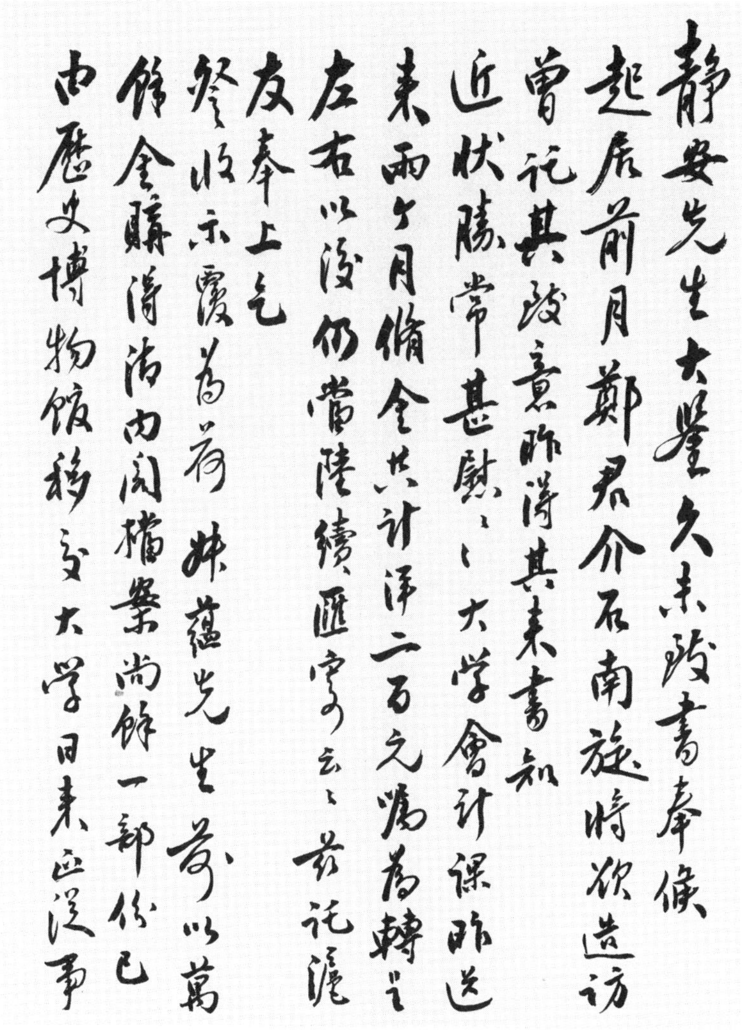
静安先生大鉴：久未致书奉候
起居。前月郑君介石南旋，将欲造访，
曾托其致意。昨得其来书，知
近状胜常，甚慰〻〻。大学会计课昨送
来两个月脩金，共计洋二百元，嘱为转之
左右，以后仍当陆续汇寄云〻。兹托沪
友奉上，乞
察收示覆为荷。叔蕴先生前以万
余金购得清内阁档案，尚余一部份，已
由历史博物馆移交大学，日来正从事

整理，但數量太多，恐非一二年不能

藏事，聞妹蘊先生言日本所藏

唐尺

尊處有摹本，乞

以洋紙畫一本見示（洋紙不致伸縮）

以便依樣仿製。專肅，敬請

撰安　後學馬衡上言　七月廿八日

衡已遷居東單小雅寶胡同四十八號，并

聞

1922年8月1日（农历六月初九日）

叔平先生有道：

昨日张君嘉甫见访，交到手书并大学脩金二百元，阅之无甚惶悚。前者大学屡次相招，皆以事羁未能趋赴，今年又辱以研究科导师见委，自惟浅劣，本不敢应命，惟惧重拂诸公雅意，又私心以为此名誉职也，故敢函允。不谓大学雅意，又予以束脩。窃以尊所本无常职，弟又在千里之外，丝毫不能有所贡献，无事而食，深所不安。况大学又在仰屋之际，任事诸公尚不能无所空匮，弟以何劳敢贪此赐，故已将脩金托交张君带还，伏祈代缴，并请以鄙意达当事诸公，实为至幸。

雪堂所得内阁故籍，就所检理者已得闻其大略，恐非十年之功不能竣事。其大学所得一部，亮正在检理，其第一等材料，能略示一二否？

来书所云唐尺，乃日本正仓院所藏，曾印行于《东瀛珠光》中，此书久已绝板（版），惟沈培老藏有一部。弟前曾一观，其中唐尺有三四种，其一为素牙尺，其他皆以宝石钿之，花纹、颜色均极精美，思欲照相或摹写，均无善策，故尚未摹得。今得尊书，拟但求一能绘图之人，摹其尺寸较易为力，再行报命。前丁辅之[①]言于尊处见巨鹿所出三木尺，是否即系雪堂之物？如非雪堂物而另得者，祈赐一拓本为荷？郑君介石与顾君颉刚均已见过，二君皆沉静有学者气象，诚佳士也。专此奉候，敬询

起居不一

弟国维顿首　六月初九日

① 丁辅之：丁仁（1879—1949），字辅之，浙江杭州人。近代篆刻家、书画家。1904年与王禔、吴隐、叶舟等发起创办西泠印社于杭州孤山。马衡曾任西泠印社第二任社长，与丁仁有金石篆刻之谊。

叔平先生有道：昨日張君嘉甫見訪，交到
手書并大學脩金二百元，閱之無甚惶悚。前者大學屢次相招，皆以事
羈未能趨赴，今年又辱以研究科導師見委，自惟淺劣，本不敢應命，
惟懼重拂 諸公雅意，又私心以為此名譽職，故敢函允。不謂 大學
雅意又予以束脩，竊以尊所恭常職中又在京師以外，給束不能有
所貢獻，無事而食，深所不安，況大學又在仰屋之際，諸公尚不能
無所空匱，本以何勞敢貪此賜，故已將脩金託交張君帶還，伏祈
代繳，並請以鄙意達當事諸公為幸。雪堂所得內閣檔籍，就
所整理者已得其大略，然非其卑之物不及殘整，與大學所得一部
莫正在整理其第一次材料，計觀亦一二處。未審所云唐尺如日本
正倉院所藏者，即可於東瀛珠光中，此書久已絕版，惟沈培老
藏有一部，弟前曾一觀，其中唐尺有三四種，其一為牙尺，其他皆以寶石

銅之花紋形色均極精美，照相或摹寫均甚善，茲故不克摹得。今得 尊書擬促，不一欲依圖之人摹其尺寸，款易為力，屬即報命。前 下輔之言，極 尊處見鉅鹿所出之古尺，是否即係之當時之物，如係易是非當時之物而易得者，此賜一拓本，爲幸。鄭君亦在此。陸君都剛均已見過，上君篤誠靜，乃學者氣象，殊佳士也。山壽候敬問起居安。

弟國維頓首

十月初九日

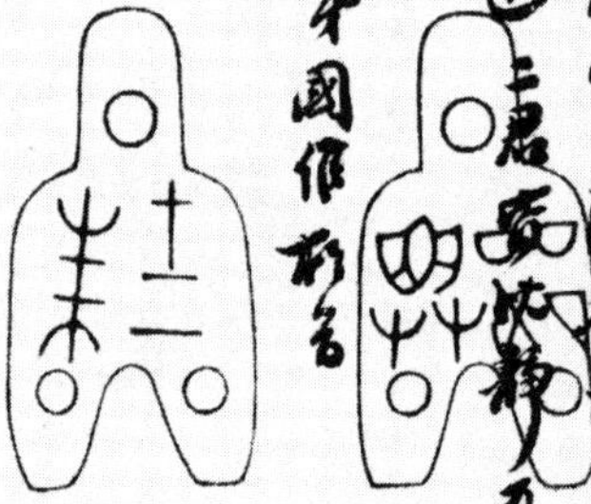

卿十二朱今歸美國雪翁據墨本手撫並記

1922年8月17日（农历六月廿五日）

静安先生大鉴：

前得复书，藉审履候胜常为慰。大学致送之款本不得谓之束脩，如先生固辞，同人等更觉不安。昨得研究所国学门主任沈兼士兄来函，深致歉仄，坚嘱婉达此意。兹将原函附呈台鉴，并重烦敝友张嘉甫兄将前款二百元送呈，务祈赐予收纳，万勿固辞，幸甚！感甚！

唐尺承允代摹，无任感谢！丁辅之兄所见宋尺即系从雪堂先生处假得仿制者，如先生未有摹本，当再仿制一分（份）奉赠。张广建藏秦敦，先生想已见过拓片，器底尚有刻款一行，现已剔出，计十字，曰“西□器一斗十升八奉敦”，兹寄呈墨本

【按】附沈兼士致马衡书：

叔平先生大鉴：

昨承转到静安先生不受脩金之函，敬悉一一。本校现正组织《国学季刊》，须赖静安先生指导之处正多，又研究所国学门下学年拟恳静安先生提示一二题目，俾研究生通信请业，校中每月致送白金，聊供邮资而已，不是言束脩也。尚望吾兄婉达此意于静安先生，请其俯鉴北大同人欢迎之微忱，赐予收纳，不胜盼荷！顷晤蔡孑民先生，言及此事，孑民先生主张亦与弟同，并嘱吾兄致意于静安先生。专此，敬请

著安

弟沈兼士启

新《国学季刊》行将付印，静安先生如有近作赐登，不胜欢迎之至。又及。

一分（份），乞察收。另寄扇面一帧，即请先生将此敦跋文书于其上，一面当求叔蕴先生摹写敦文也。费神容谢。敬请

著安

后学马衡上言　八月十七日

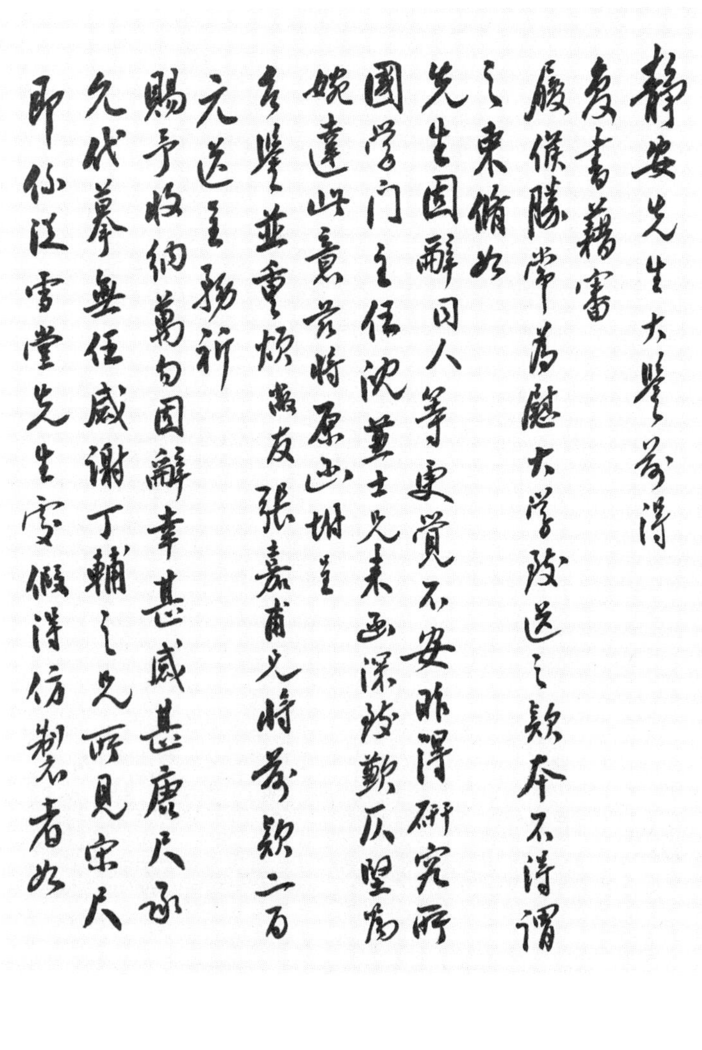
静安先生大鑒：前得

復書，藉審

履候勝常，爲慰。大學所送之款本不得謂

之束脩，如

先生固辭，同人等更覺不安。昨得研究所

國學門主任沈兼士兄來函，深致歉仄，望爲

婉達此意，並將原函附呈

台覽。並重煩潞友張嘉甫兄將前款二百

元送至，務祈

賜予收納，萬勿固辭，幸甚感甚。唐尺承

允代摹，無任感謝。丁輔之兄所見宋尺

即係從雪堂先生處假得仿製者，如

先生未有摹本當再仿製一分奉贈
張廣建藏秦敦
先生想已見過拓本器底尚有刻款一行
現已剔出計十字曰西□器一斗十升八奉敦
茲寄呈墨本一分乞
察收另寄扇面一幀即請
先生將此敦跋文書於其上一面當求叔
蘊先生摹寫敦文也
費神容謝敬請
著安 後學馬衡上言 八月十七日

1922年8月24日（农历七月初二日）

叔平先生有道：

前日张嘉甫携交手书并大学脩二百元，诸公词意殷拳，敢不暂存，惟受之滋愧耳。

《秦公敦拓本》拜嘉，向闻此敦出于甘肃，颇疑此乃德公徙雍以后之器，何以出于陇右？颇不以估人之言为信。今观器中凿款，首为“西”字。“西”为秦汉陇西县名，即秦本之西垂及西犬邱（在今秦州西南百二十里），为文公以前秦之故都。秦自非子至文公，陵庙皆在西垂。此器本为宗彝，乃徙雍以后作，以奉西垂陵庙者，故曰“奉敦”。是此款亦秦季所凿，非汉款也。盖上凿款第一字曩不可识，今审谛亦是“西”字，但不全耳。

培老处之《东瀛珠光》已借得，其中有唐尺六，计红牙拨镂尺二，绿牙拨镂尺二，白牙尺二，皆彼邦天平胜宝八年东大寺献物帐中之物，今在奈良正仓院。其中红牙尺一，绿牙尺一，均与弟所作之开皇官尺（以建初尺代建武尺所作者）及开元通宝钱尺正同；余四尺略短，其绘画、雕刻、颜色（每寸皆镂花鸟之形）均精绝，当是唐极盛时之作，非彼土所能为，谓之唐尺似当无误。顷已托人先摹长短，再影其花纹，以便寄上摹造。弟前者唐尺即隋尺之说，因此亦略得证明。若能将《隋志》之十五尺各造一分（份），亦快事也。

研究所有章程否？研究生若干人，其研究事项想由诸生自行认定？弟于经、小学及秦汉以上事就所知者或能略备诸生顾问；至平生愿学事项，力有未暇者尚有数种，甚冀有人为之，异日当写出以备采择耳。

《国学季刊》索文，弟有《五代监本考》一篇，录出奉寄。扇面收到，写就后当同寄上。专复，敬候

起居不一

弟国维顿首　七月二日

叔平先生有道：前日張嘉甫携交
手書並大學俸二百元，諸器同已照收。舉爵不暫存，惟字字清晰耳。
秦公敦拓本拜嘉。向聞此敦出於甘肅，頗疑此乃德公徙雍以後之器，
何以出於隴右，殊不得其解。今觀器中鑿款首為西字，西為
秦漢隴西縣名，即秦本之西犬邱（在今秦州西南百二十里），
為文公以前秦之故都。秦自非子至文公，陵廟皆在西垂，此器本為宗彝，
乃徙雍以後作以奉西垂陵廟者，故致曰奉敦，是此敦亦秦孝所鑿，
非漢器也。蓋上鑿款第一字最難辨識，今審諦是西字，但不全耳。
培老處之東瀛諸君借得其中有唐尺六，計綠牙撥鏤尺二、綠牙撥
鏤尺二、白牙尺二，皆彼邦天平勝寶八年東大寺獻物帳中之物，今皆在奈
良正倉院。其中紅牙尺一、綠牙尺一，均與帳所記之雕鏤官尺（以建初尺代建武尺所作者）
及開元通寶錢尺正同，餘四尺略短，其雕刻（增畫）形色（皆寸皆鏤，殊爲可據）極精絕，當
是唐極盛時之作，非彼土所能為，謂之唐尺，似為無誤。頃已託人先摹長短，
再影其花紋，以便摹造。中有前者唐尺即隋尺之說，因此亦略得證明，便可

若能將隋志之十五尺五寸造一分亦快事也研究所有章程否研究生若干人其研究事項想由諸生自行認定弟於經小學及秦漢以上事（識所知者）或能略備諸生諮問至平生所疑事須力有未暇者尚有數種甚冀有人為之異日當寫出以備採擇耳 國學季刊索文弟有五代監本考一篇錄出奉寄前函收到寫就後當即寄上 專此復頌
起居不一
弟國維頓首 七月二日

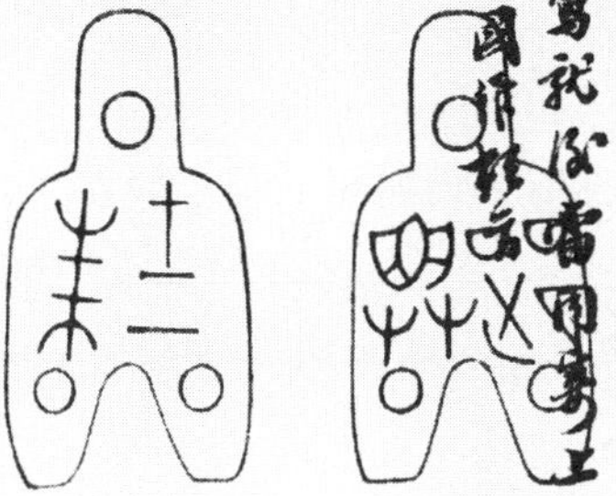

圜足幣文曰郢郛十二朱今歸美國雪翁據墨本手橅並記

1922年9月27日（农历八月初七日）

静安先生大鉴：

前得复书，敬承一是。尊著《五代监本考》及赐书扇面均拜领。感谢，感谢！

“秦公敦”，先生以为徙雍以后作，以奉西垂陵庙之器，故出于陇右。诚然，诚然！但凿款中“奉”字若属下读，则与盖上凿款“一斗七升”“大半升”之文不合。叔蕴先生以为“”乃“八奉”二字，省半作十奉，与合同，八合为大半升，义似较长。“西”下一字似“元”，“元”字末笔有曲势，“西元器”三字义亦难通。幸先生有以教之。

《东瀛珠光》中唐尺，请先以洋纸（不易伸缩）摹其长短见

【按】附马衡转沈兼士致王国维书一函（现藏国家图书馆）。

昨读致叔平先生书，敬悉一切。大著《五代监本考》收到，谢谢。当由本期《国学季刊》登出。兹检上研究所国学门章程四纸，由叔平先生转寄，祈察入为荷。北京教育经费风潮现在已将告一段落，阳十月初当可开学。

先生如有研究题目须提出者，请便掷下，不胜盼祷之至。敬候

撰安

沈兼士谨上

另“前得复书，敬承一是。尊著《五代监本考》及赐书扇面均拜领”证1922年8月24日至9月27日间，当有马衡致王国维书及王国维致马衡书（附《五代监本考》手稿及扇面）各一函。原件不知所在。

示。《隋志》十五种尺如蒙订出，亦请以纸本摹就寄交研究所，当嘱农商部权度制造所仿制。该所制尺亦以机器，较手工制成者精细多多矣！

近于厂肆见张澍辑《帝王世纪》稿本，二酉堂所未刻，索价七八十元。沪上刻书家如有欲刻者，当为代购。晤蒋君孟平，乞一询之。大学六、七月分（份）薪脩已送来，仍托友人张嘉甫兄送呈，乞察收。

研究所主任沈兼士先生书附呈台鉴。专肃，敬颂

撰安

后学马衡上言　九月廿七日

靜安先生大鑒：前得
復書，跋承壹是。
尊著五代監本攷及
賜書扇面均拜領，感謝感謝。秦公敦
先生以為從秦以後作，以秦西垂陵廟之器，故
出於隴右，誠然誠然。但鏨款中秦字若屬下讀，則
與蓋上鏨款一斗七升大半升之文不合，非蓋
先生以為鏨乃八秦二字，省半作十秦，與合同八合為
大半升義似較長。西下一字似元（亓）字，末筆有曲勢，西
元器三字義亦難通，奉
先生有以教之。東瀛珠光中唐尺，諸先以洋紙（不易伸縮）
摹其長，雖見示隋志十五種尺，如蒙

訂出示信以紙本摹就寄交研究所當為農商
部權度製造所做製該所製尺亦以機器較
手工製成者精細多多矣近於廠肆見張澍
輯帝王世紀稿本二酉堂所未刻索價七八
十元滬上刻書家如有欲刻者當為代購
晤蔣君孟平乞一詢之大學六七月分薪俸
已送來仍託友人張嘉甫兄送呈乞
登收研究所主任沈兼士先生書附呈
台覽專肅敬頌
撰安 後學馬衡上言 九月廿七日

1922年12月12日（农历十月廿四日）

叔平先生有道：

昨晨寄一书，想达左右，辰维眠食胜常为颂。研究科研究题目已拟就四条，并复兼士先生一函，乞转交。现在大学是否有满、蒙、藏文讲座？此在我国所不可不设者。其次则东方古国文字学并关紧要，研究生有愿研究者，能资遣法、德各国学之甚善，惟须择史学有根柢者乃可耳。此事兄何不建议，亦与古物学大有关系也。偶思及此，即以奉闻。此请

撰安不一

弟维顿首　廿四日

【按】附王国维请马衡转致沈兼士书一函：

兼士先生有道：

前日辱手教，并嘱提出研究题目，兹就一时鄙见所及，提出四条。惟"古字母"及"共和以前年代"二条，其事甚为烦重，非数年之力所能毕事，姑提出以备一说而已。前日寄上新作《书式古堂书画汇考中所录唐韵后》一篇，由叔平兄转交，想蒙察入。题目四纸附上呈政（正）。专肃，敬候

起居不尽

王国维顿首　十一，十，二十

另"昨晨寄一书，想达左右"证1922年9月27日至12月12日间，当有王国维马衡往来书信若干，原件不知所在。《王国维致沈兼士书》《书式古堂书画汇考中所录唐韵后》刊于1923年7月北京大学出版的《国学季刊》第一卷第三期。王国维与北大之联系，均由马衡转达，其视北大为民国官方的态度不言而喻，因此王致沈札，属年特用公历，而月日则用农历。

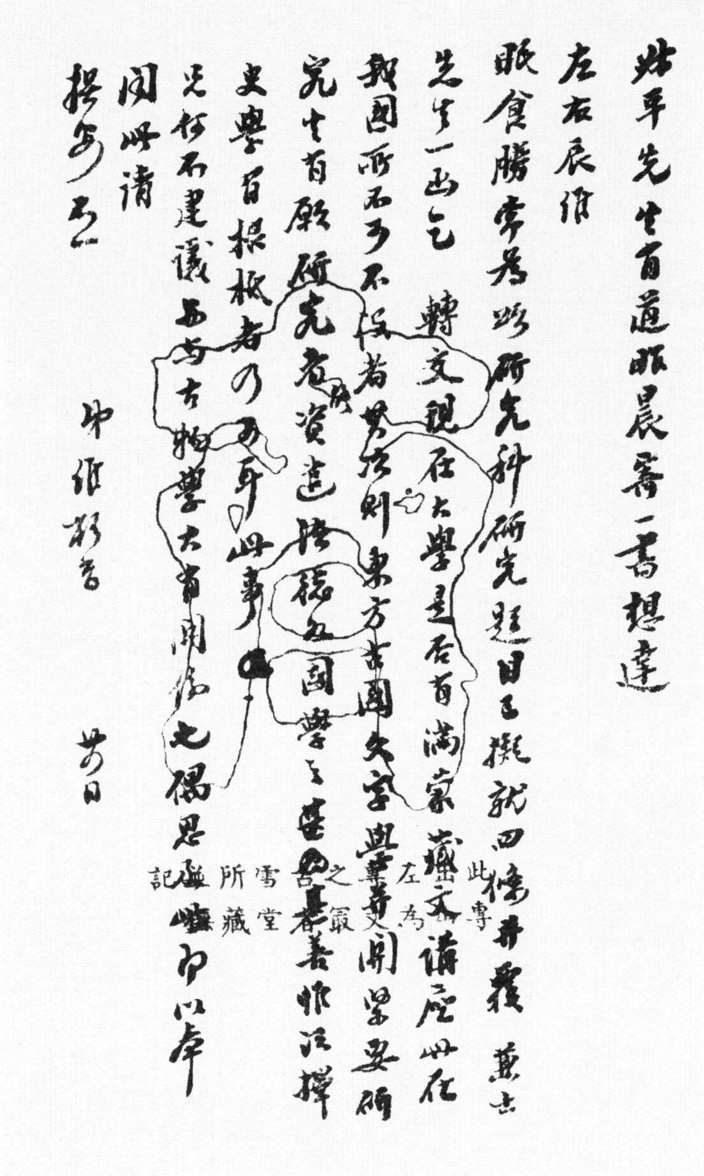
叔平先生有道：昨晨寄一書，想達
左右。辰維
眠食勝常為頌。研究科研究題目已擬就四條，并覆兼士
先生一函，乞 轉交。現在大學是否有滿蒙藏文講座？此在
我國所不可不設者。其次則東方古國文字學，并為重要。研
究生有願研究者，宜於資遣德法諸國學之，甚善，惟須擇
史學有根柢者乃可耳。此事
兄何不建議？并與古物學大有關係之。偶思及此，率以奉
聞。此請
撰安。不一。
弟維頓首
廿四日

1923年1月31日（农历十二月十五日）

叔平先生有道：

久未通问，比维起居佳胜为颂。前借摹唐尺景本，因画工濡滞，历四月之久仅摹得红牙拨镂尺一。而原书系沈培老物，培老仙逝，不得不亟还其书，乃改用照相法。初次照法不准，后乃准的，即以照片制铜板（版），稍有出入，可摩令与原尺等，俟制就后当将印本寄上。前次不准之照片先行寄上，纸背附记原物尺寸，可观其制作之工矣。

《史学季刊》[①]请告知见寄为感。专肃，敬问

起居不一

弟国维再拜　十五日

---

① 《史学季刊》：当为《国学季刊》，于1923年1月初创刊。刊有王国维译伯希和《近日东方古言语学及史学上之发明与其结论》、王国维著《五代监本考》及马衡著《石鼓为秦刻石考》。

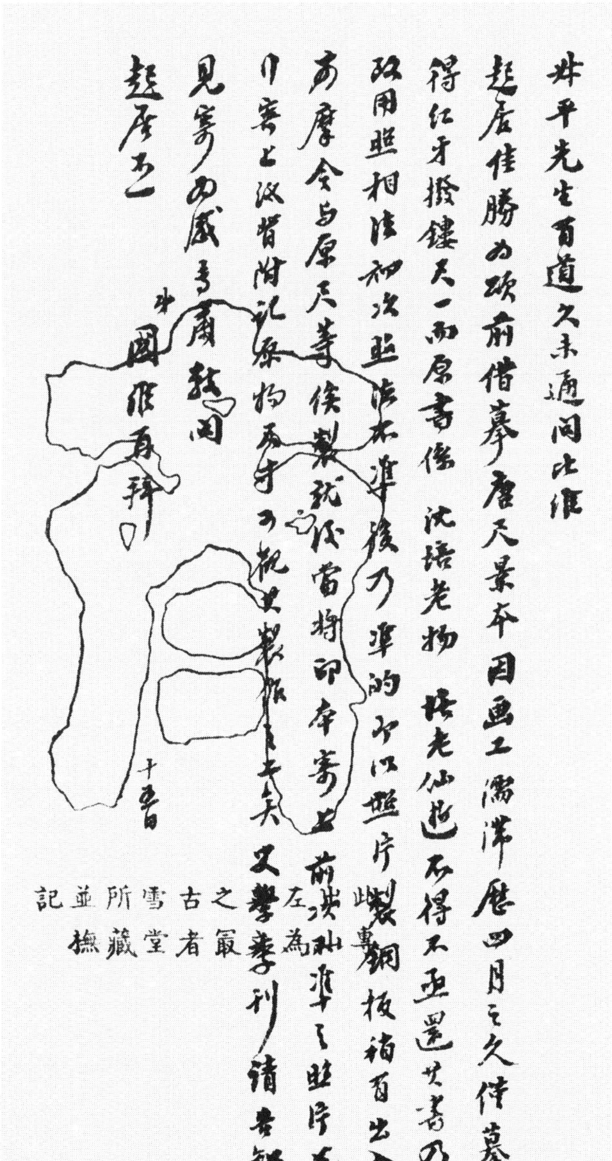

輯平先生有道久未通問比維
起居佳勝為頌前借摹唐尺景本因画工濡滞歷四月之久僅摹
得紅牙撥鏤尺一面原書係沈培老物培老仙逝不得不亟還其書乃
改用照相法初次照法不準後乃準的今以照片製銅板稍有出入
再摹令與原尺等俟製就後當將印本寄上前洪北準了照片先
行寄上以省附記係物尺寸可概見其製版之大矣又摹本刊行請告知
見寄為感專肅敬問
起居不一
弟國維再拜
十五日

記並所雪古之左此
撫藏堂者最為事

1923 年 2 月 8 日（农历十二月廿三日）

静安先生大鉴：

两奉手教并唐尺照片六种，均悉。照片及铜版印本价乞示知，当寄缴。拙著《石鼓为秦刻石证》[①]，正苦地理上证据之少，故仅据“汧水”及“西逮”字以证之。“廓”字明知其为地名，而不能识为何字，今得先生说解，不禁狂喜。但金文中“䧹”字屡见，多为人名，不知有作地名者否？（甲骨刻辞中有“𢓊”于“䧹”字，不知为今何地？）“廓”字则金文中却未之见，能更得一证则愈确矣。

大学薪俸甫发至十月，今代取八、九、十三个月薪俸，计洋三百元，仍托敝友张嘉甫兄送呈，乞察收示复为感。此请

著安

后学马衡上言　二月八日

---

① 《石鼓为秦刻石证》：应为《石鼓为秦刻石考》。该文发表于 1923 年 1 月北京大学《国学季刊》第一卷第一期。

【按】“两奉手教并唐尺照片六种”证王国维 1923 年 1 月 31 日后又发一函致马衡，内容论及《石鼓为秦刻石考》。原件不知所在。

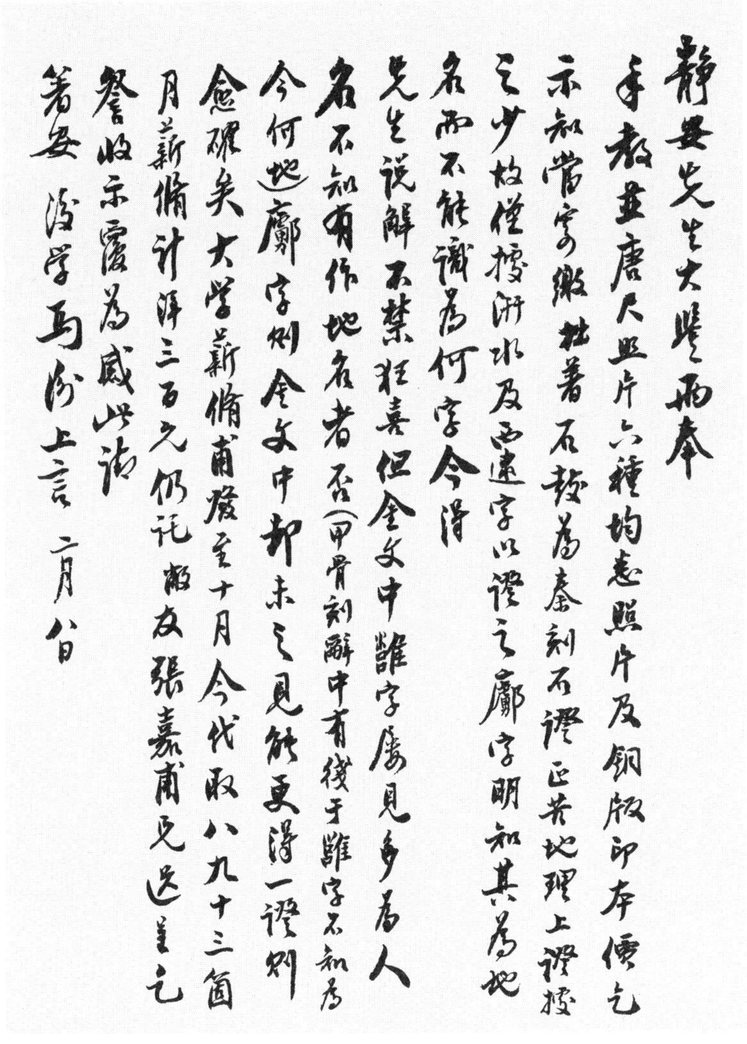

靜安先生大鑒：兩奉
手教，並唐尺照片六種，均悉。照片及銅版印本價乞
示知，當寄繳。拙著石鼓為秦刻石證，正苦地理上證據
之少，故僅據汧水及西遠字以證之。鄜字明知其為地
名，而不能識為何字。今得
先生說解，不禁狂喜。但金文中雝字屢見，多為人
名，不知有作地名者否（甲骨刻辭中有從于雝字，不知為
今何地）。鄜字則金文中却未之見，能更得一證則
愈確矣。大學薪俸甫發至十月，今代取八九十三個
月薪俸，計洋三百元，仍託敝友張嘉甫兄送上，乞
詧收示覆為感。此請
著安。後學馬衡上言 二月八日

1923年3月12日（农历癸亥年正月廿五日）

静安先生大鉴：

在沪晤教，甚快！承惠《周公彝墨本》，感谢无似！方子听《彝器款识》清稿，务请代借数册，俾与手稿校对，若确系定本，尚拟借印。惟寄稿时乞固封挂号，以防遗失。陈援庵《牟尼教考》续出一册，另包邮呈。（新得魏范阳王元诲墓志石，奉赠拓本一纸。）先生新得之材料请录示，俾转致陈君也。专布，敬颂

著安

后学马衡上言　三月十二日

【按】"在沪晤教"所指乃马衡于农历新年返沪（马衡夫人长居上海）期间事。另陈援庵《牟尼教入中国考》，于1923年初成书，可鉴此函写于1923年。

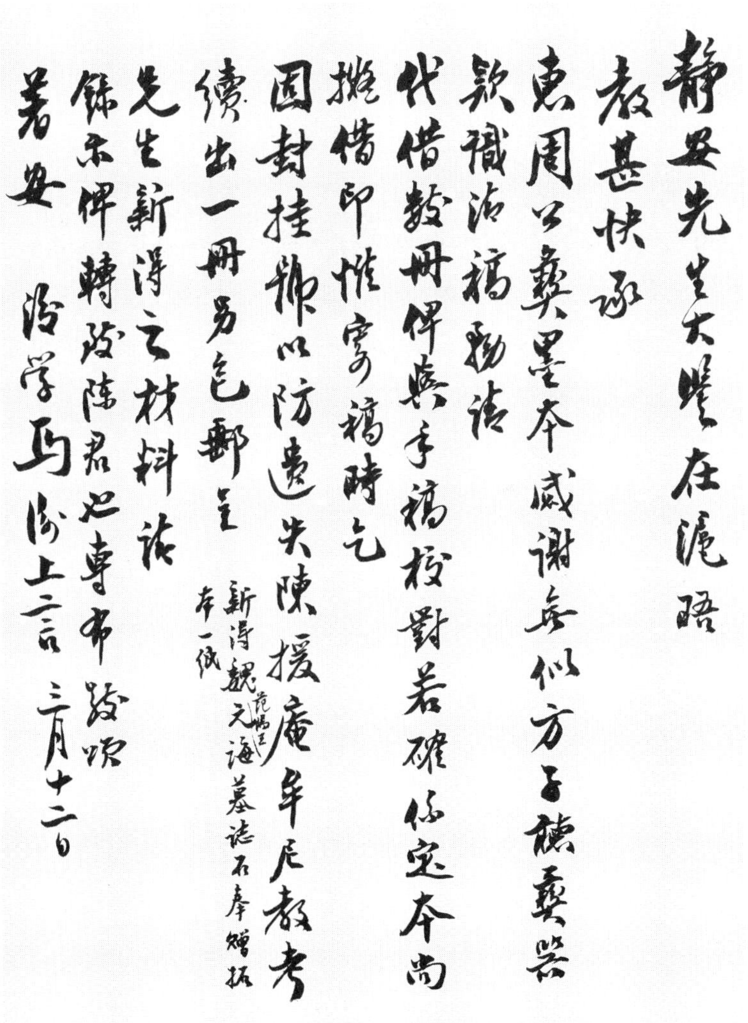

靜安先生大鑒：在滬晤
教，甚快。承
惠周以彝墨本，感謝無似。方子聽彝器
款識治稿，務請
代借數冊，俾與手稿校對。若確係定本，尚
擬借印。惟寄稿時乞
用封掛號，以防遺失。陳援庵年丈教考
續出一冊，另包郵呈。新得魏（范陽王）元海墓誌石，奉贈拓本一紙。
先生新得之材料，請
錄示，俾轉致陳君，以專布，敬頌
著安。
晚學馬衡上言 三月十二日

1923 年 5 月 4 日（农历三月十九日）

静安先生大鉴：

久疏问候，时深系念。前晤叔蕴先生，知先生因事返海宁，并闻将应征来京（昨得孑民先生书，亦言先生不日将来京），快慰奚似！惟不审行期已定否？兹托张嘉甫兄送呈十一、十二、一月分（份）薪脩，其中扣除二元，系充职教员会经费者，实数计洋二百九十八元，乞察收。下星期将偕叔蕴先生作洛阳之游，约旬日可返。闻新出《三字石经》，洛中尚有原石未剖之本，此行当求之。此布，敬请

著安

后学马衡上言　五月四日

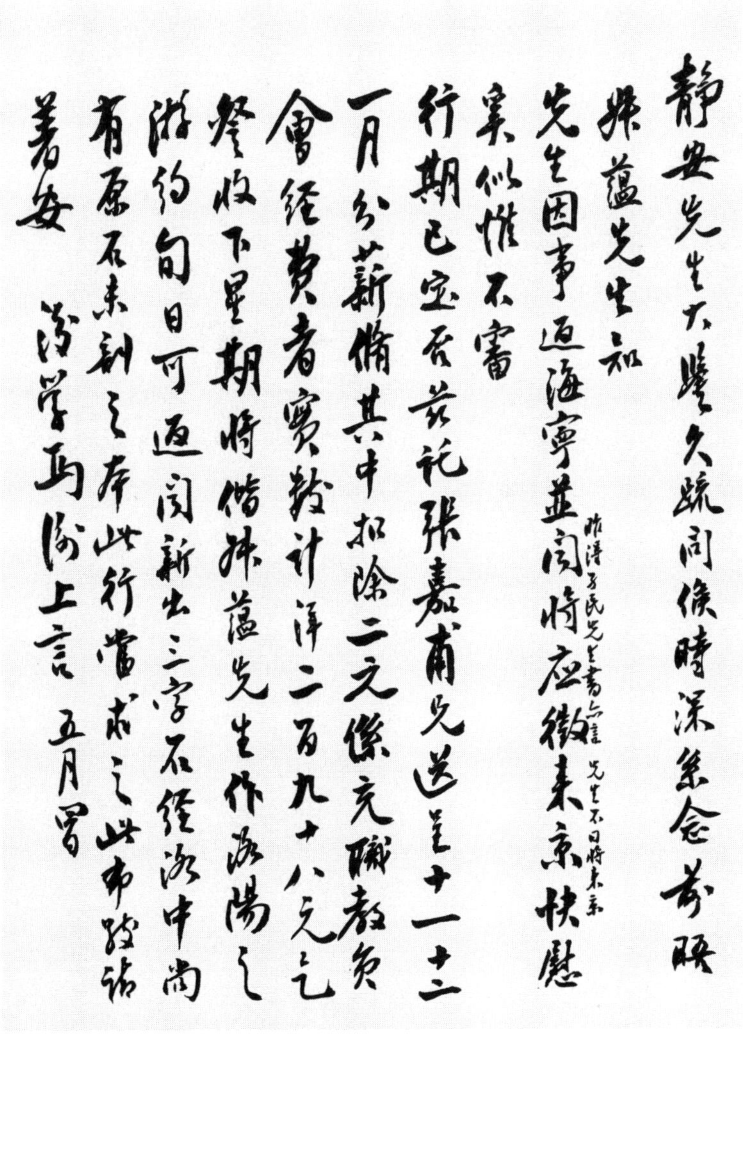

靜安先生大鑒：久疏問候，時深係念。前晤
叔蘊先生，知
先生因事返海寧，並聞將應徵來京，快慰（昨得孑民先生書亦言 先生不日將來京）
莫似，惟不審
行期已定否？茲託張嘉甫兄送呈十一、十二
一月分薪俸，其中扣除二元係充職教員
會經費者，實數計洋二百九十八元，乞
察收。下星期將偕叔蘊先生作洛陽之
遊，約旬日可返。聞新出三字石經洛中尚
有原石未剥之本，此行當求之。此布，敬請
著安
後學馬衡上言　五月四日

1923年6月28日（农历五月十五日）

静安先生大鉴：

顷抵洛阳，见整本《三体石经》，其《君奭》篇题仅“君奭”二字，三体共计六字，《无逸》篇末“嗣王其监于兹”亦不损。《春秋》首行“三月丙午”之“午”字篆体，及次行“宋”字古文之半在一小石上，近亦觅得，将来可别拓小纸以补之。知关注念，敬以奉闻。叔蕴先生如尚在京，乞转告之。顷已托人再求一二本，或有可得之希望，必当为罗先生代致一本也。专此，敬颂

著安

后学马衡上言　六月廿八日

【按】此次洛阳之行，开启了马衡与王国维长达数年的魏石经资料的收集和考研。参见马衡遗著《汉石经集存》第58页陈梦家《编辑后记》，马衡记曰：“一九二三年夏，余与徐森玉（鸿宝）君相约游洛，始知所出二石之外，尚有碎石甚夥（伙）……余等得石之后，相与理董而考定之者，惟王静安（国维）先生为最勤，其遗书第二集中之《魏石经考》，大半取材于是。”此后的马王往来书信可见详情。

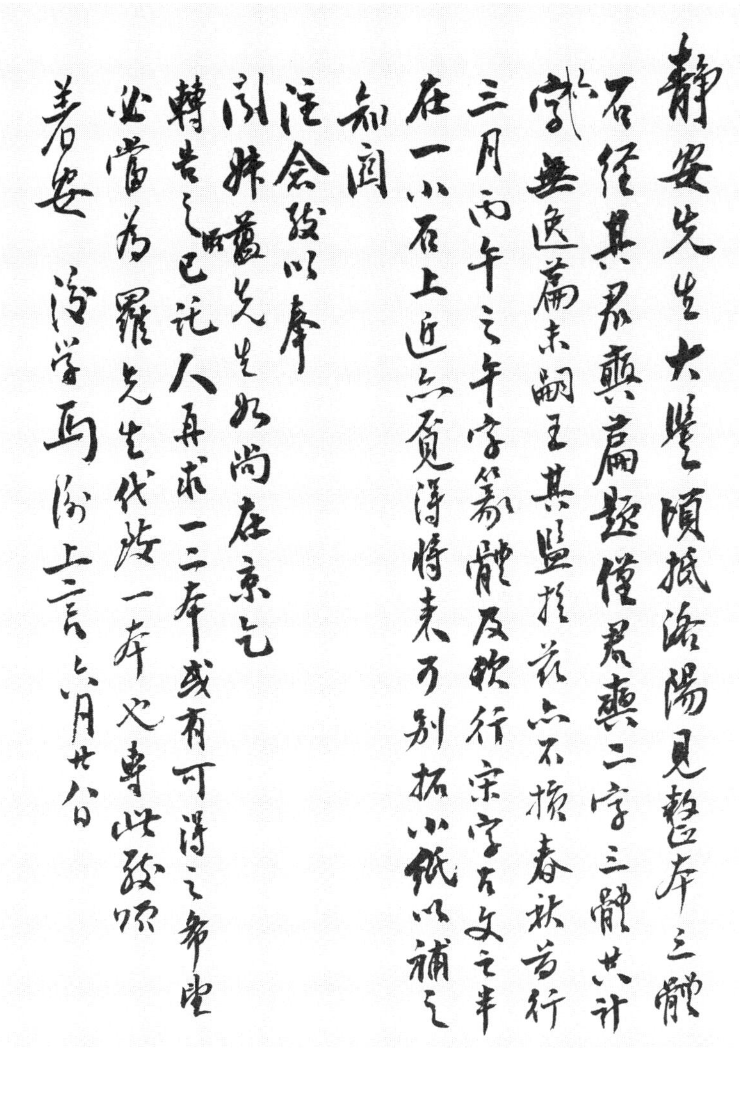
靜安先生大鑒頃抵洛陽見整石三體
石經其君奭篇題僅君奭二字三體共計
字於無逸篇末嗣王其監茲亦不損春秋首行
三月丙午之午字篆體及隸行宋字古文之半
在一小石上近亦覓得將來可別拓小紙以補之
知關
注合敬以奉
聞拙藏先生處尚在京乞
轉告之昨已託人再求一二本或有可得之希望
必當爲羅先生代購一本也專此敬頌
著安 後學馬衡上言 六月廿八日

1923年7月14日（农历六月初一日）

静安先生大鉴：

近想清恙当已痊愈，甚念。衡在洛时，搔破皮肤于浴堂中，沾染病菌，当时不在意，不料回京数日，忽觉肿痛不能行动。现已延医诊治，想无大碍也。

《毗伽公主墓志》，毛子静《关中金石文字存逸考》曾著录之，衡前于厂肆见一拓本，以索价昂，较其文而还之。今将《存逸考》呈览，晤弢老时能代求一本，尤感！新得汉魏石经残石，各拓一纸奉呈审定。专肃，敬颂

著安

后学马衡上言　七月十四日

【按】《关中金石文字存逸考》作者应为毛凤枝，字子林，江苏扬州（今属扬州市）甘泉县人。毛子静是毛子林之弟，马衡所言“毛子静《关中金石文字存逸考》曾著录之”有误。

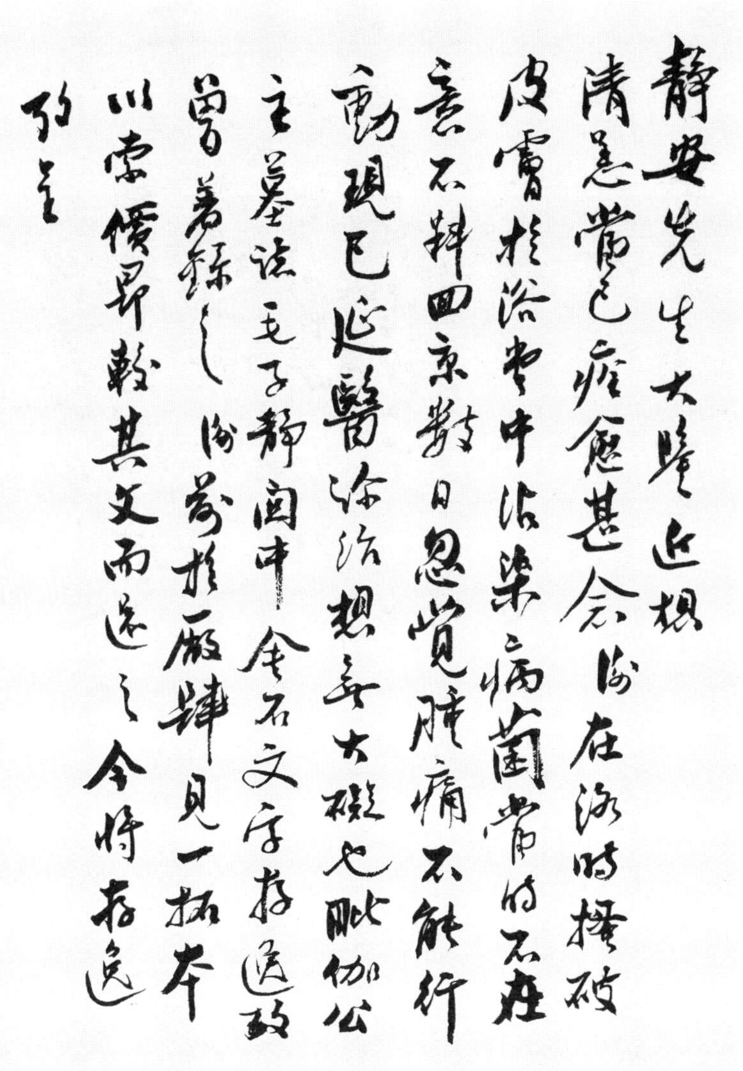
静安先生大鉴：近想
清恙当已痊愈，甚念。弟在沪时摄破
皮胃于浴中沾染病菌，当时不在
意，不料回京数日忽觉肿痛不能行
动，现已延医诊治，想无大碍也。昨伽公
言：基诂毛子静闽中金石文字存逸考
当为录之。弟前于厂肆见一抄本
以索价昂，较其文而还之，今将存逸
附呈

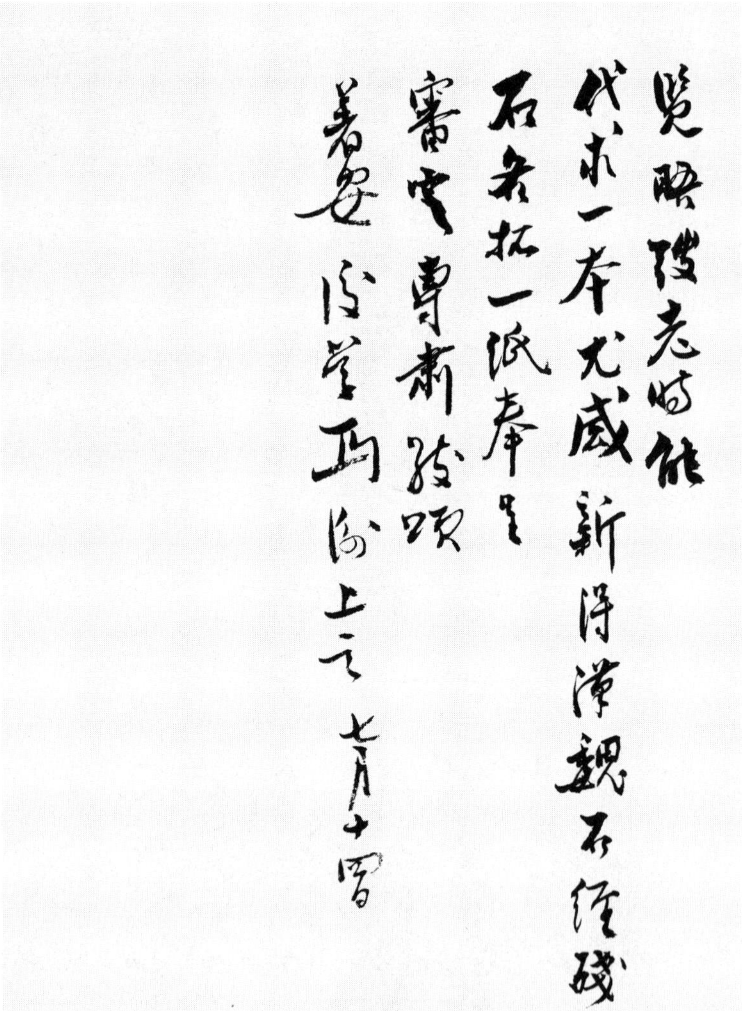

覽晤陸老時能
代求一本尤感新得漢魏石經殘
石各拓一紙奉呈
審定專肅敬頌
著安 後學國維上言 七月十四

1923年7月14日（农历六月初一日）

前日闻兄小极，不知何病？甚以为念。顷读手教，知系足部肿痛，亮不日可愈。石经拓，谢谢。前所示《礼经》小石，乃在《乡饮酒礼》之末，顷始排比得之。《苾伽公主志》[①]当索奉。

弟疾已愈，并闻。此上，即请

叔平先生痊安　贵上人

弟维顿首　六月朔

《关中金石文字存》一册收到，又申。

① 王国维所谓之《苾伽公主志》即马衡前函所言《毗伽公主墓志》。王国维曾撰《唐贤力苾伽公主墓志跋》。而该墓志铭为《唐故三十姓可汗贵女贤力毗伽公主云中郡夫人阿那氏之墓志（并序）》。故马云“毗伽公主”。

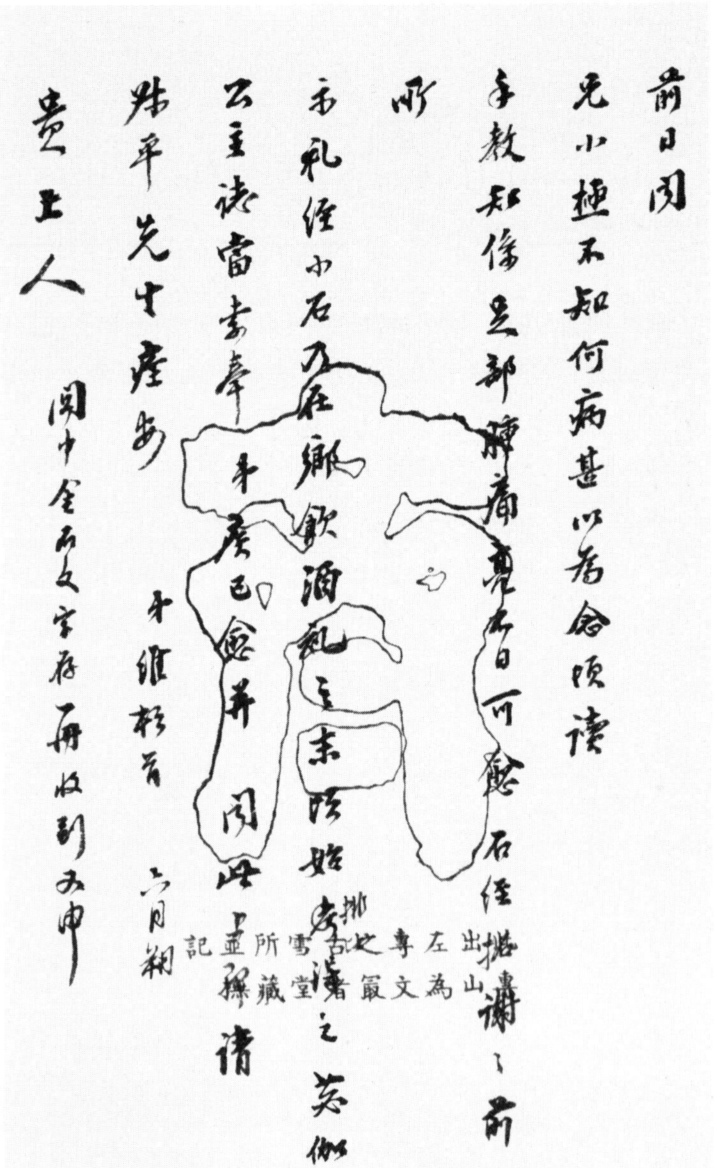
前日聞
兄小極不知何病甚以為念頃讀
手教知係足部瘡痏竟有日可愈石經搨本謝謝前
所
示禮經小石乃在鄉飲酒禮至末段始考證之甚愜
公主誌當專奉弟處已愈并閱此盡擇請
叔平先生座右
惠上人
弟維頓首　六月朔
閩中金石文字存冊收到否

1923年7月26日（农历六月十三日）

昨晤幼渔兄，知大驾已起床，至为快慰。介绍毕君书，书就奉上，又尊扇并呈，请察收。周氏藏《皋陶谟》残石拓本二，系雪堂属（嘱）交者，其一赠兄，一赠森玉[①]也。

弟恙愈后，前晚食冰忌林[②]乃又发，今日尚须往注射也。此上，即请

叔平先生台安

弟维顿首　十三日

---

① 徐森玉（1881—1971），名鸿宝，字森玉，浙江吴兴（今浙江省湖州市）人。中国著名文物鉴定家、金石学家、版本学家、目录学家、文献学家。马衡北京大学同人挚友。1924年11月，参与清室善后委员会工作，1934年马衡任故宫博物院院长后聘徐出任古物馆馆长。

② 即冰淇淋。

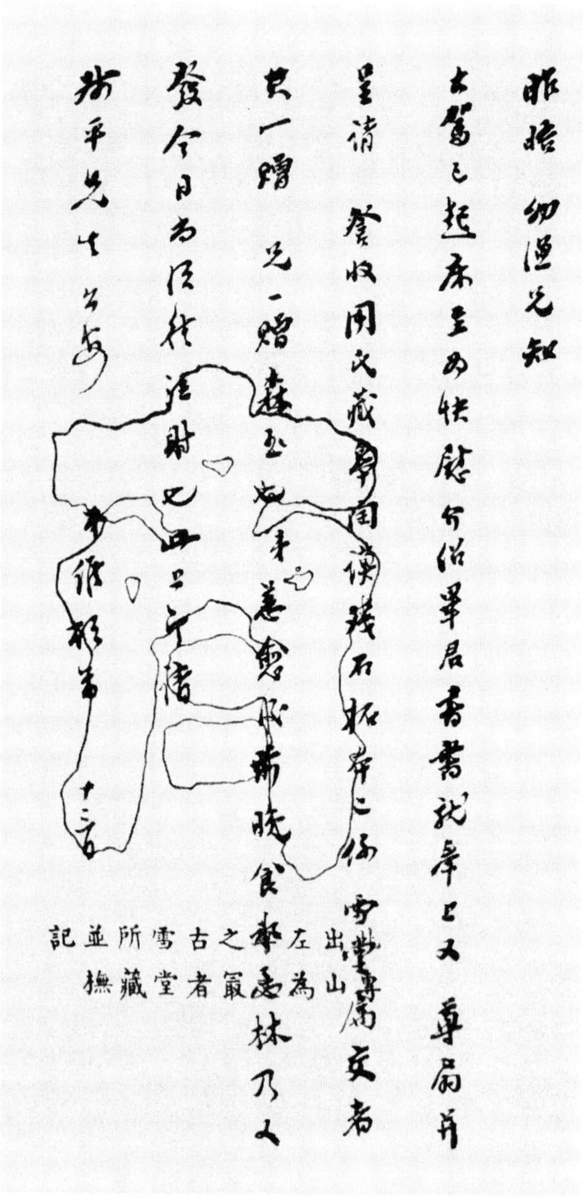
出山
左為
之篋
古者
雪堂
所藏
並撫
記

1923年8月14日（农历七月初三日）

昨谈甚快。顷阅魏石经《皋陶谟》[1]残石拓本，知《皋陶谟》与以后诸石决非一人所书，其所据《尚书》亦似非一本。如“予”字,《周书》古文并作“”，而《皋陶谟》作“”；“攴”字偏旁,《书》与《春秋》并作“”，而《皋陶谟》作“”。非所据之本不同，则必书人不同，各以其所谓古者书之也。昨在尊处所见“木”“暨”二字，“暨”字古、篆二体似均从自下水，请摹示为感。此上，即请

叔平先生撰安

弟国维顿首　初三日

① 《皋陶谟》：是《尚书》中的一篇。皋陶，是舜帝的大臣，掌管刑法狱讼。谟即谋。

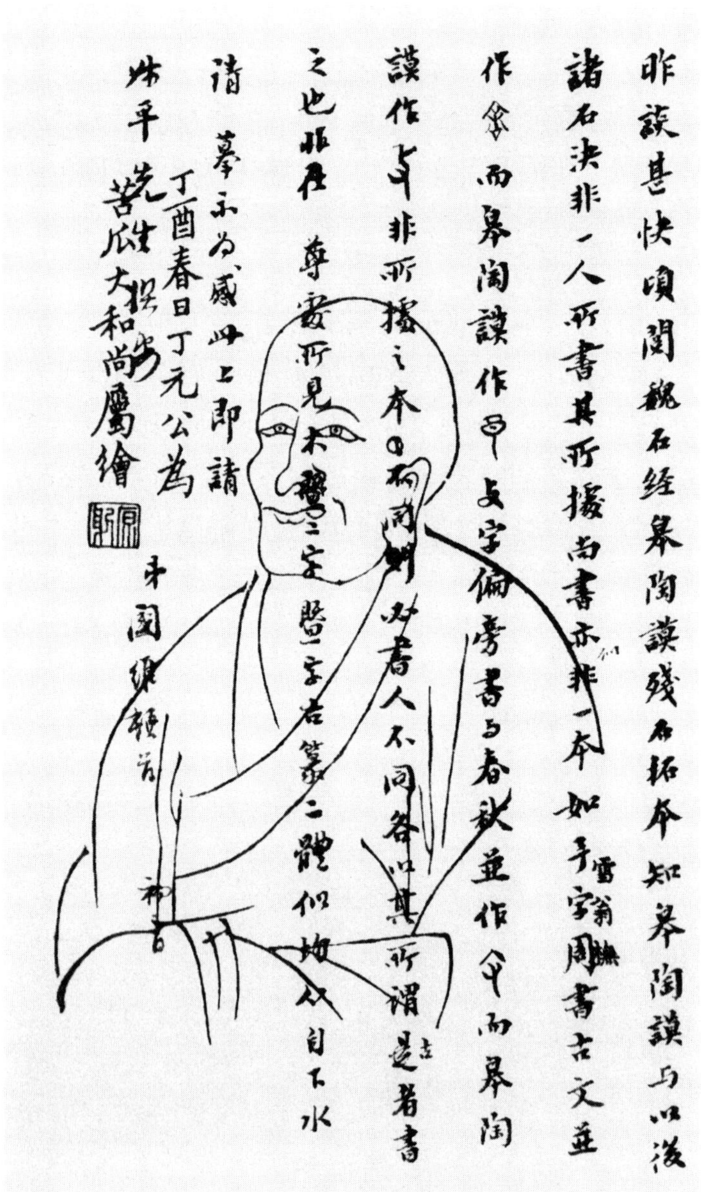

非誤甚快頃閱魏石經皋陶謨殘石拓本知皋陶謨与以後
諸石決非一人所書其所據尚書亦非一本如手字周書古文並
作[古文字形]而皋陶謨作[古文字形]与字偏旁書与春秋並作[古文字形]而皋陶
謨作与非所據之本[illegible][illegible][illegible]則書人不同各以其所謂是者書
之也非在尊處所見未[illegible]之字豎字右旁二體似均从目下水
請摹示為感此上即請
叔平先生撰安
國維頓首
初四

1923年8月15日（农历七月初四日）

静安先生大鉴：

昨得手书，敬悉。《皋陶谟》一石确与《三体》直下者不同，向来皆未留意，经先生道破，验之信然。其中“帝”字作“”，而《周书》及《春秋》皆作“”，又不仅“予”“支”二字为异也。惜此石所存古文太少耳。“木暨”一石摹请鉴定。专复，敬颂

撰安

后学马衡上言　八月十五日

【按】王国维认为“暨”字古、篆二体似均从自下水，马衡示原摹“木泉”，再请鉴定。

静安先生大鉴：昨得
手书，敬悉《皋陶谟》一石确与三体直下者不
同，向来皆未留意，经
先生道破，验之信然。其中帝字作帝，而《周书》
及《春秋》皆作帝文，不仅予女二字为异也。惜此石所
存古文太少耳。木鉴一石，摹请
鉴定，专此敬颂
撰安
后学马衡上言　八月十五日

1923年8月15日（农历七月初四日）

示悉。“介”字一石，衡曾摹一本，兹特转摹呈教。专肃，敬颂

静安先生撰安

后学马衡上言　八月十五日

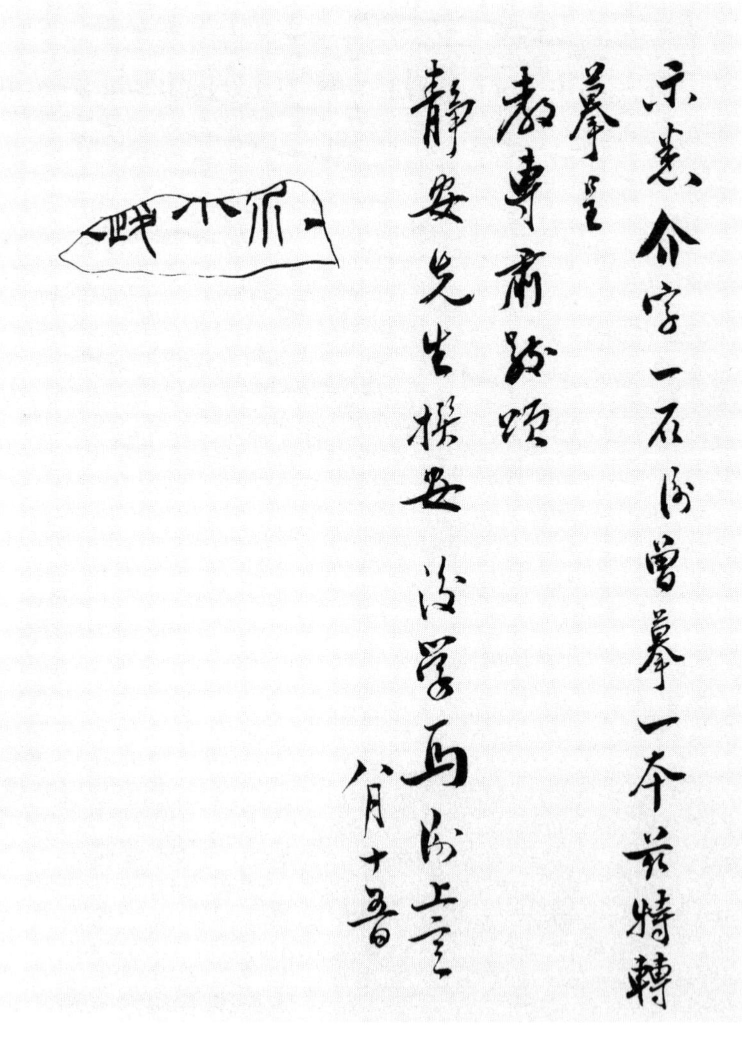

示悉。介字一石，前曾摹一本，兹特转
摹呈
教。专肃，敬颂
静安先生撰安
后学马衡上言
八月十五日

1923年8月16日（农历七月初五日）

叔平先生鉴：

手教敬悉，“木泉”一石摹示至感。又“介”字一石，兄处如有拓本或摹本，亦乞摹示，此可以为决品字式之碑果若干石之关键。前函忘之，故再陈，费神，至谢。《切韵》照片兼士尚未着人来取，想近甚忙也。此请

暑安

弟维顿首　初五日

【按】马衡8月15日连发二函，王国维8月16日复马衡书时，尚未收到马衡“介”字石摹本。

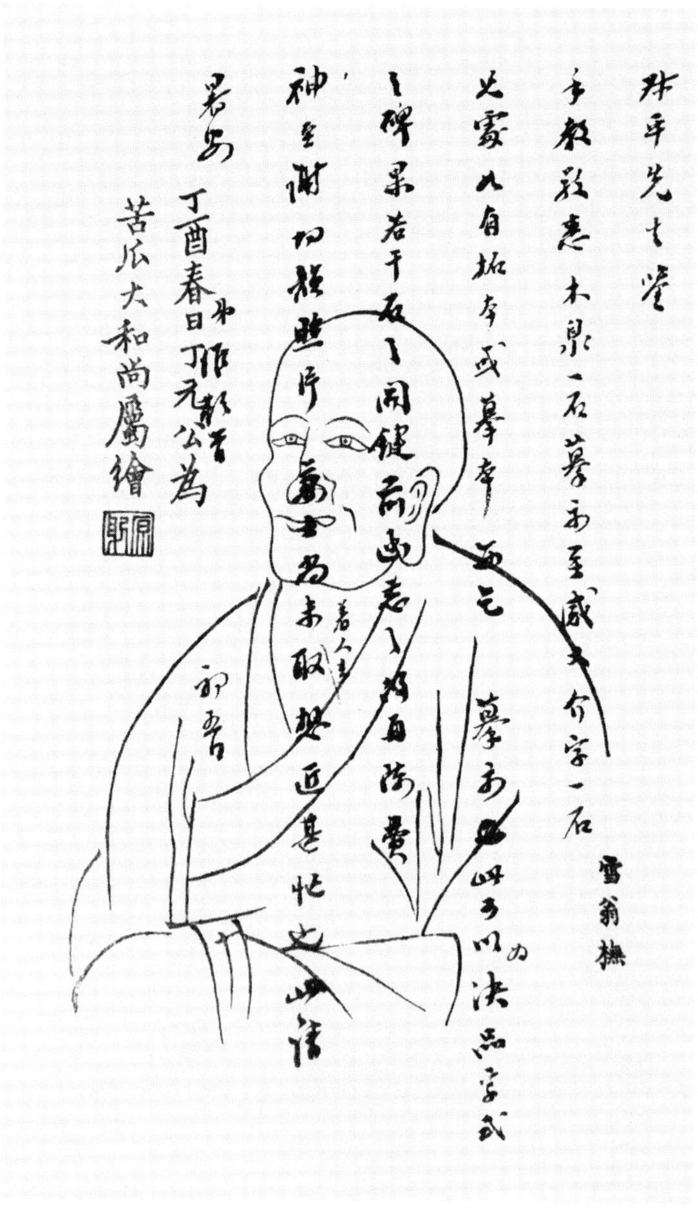
叔平先生
丁酉春日
苦瓜大和尚屬繪

1923 年 9 月 17 日（农历八月初七日）

静安先生大鉴：

石经残石已拓成一分（份），兹特送呈审定。专布，敬颂

著安

后学马衡上言　九月十七日

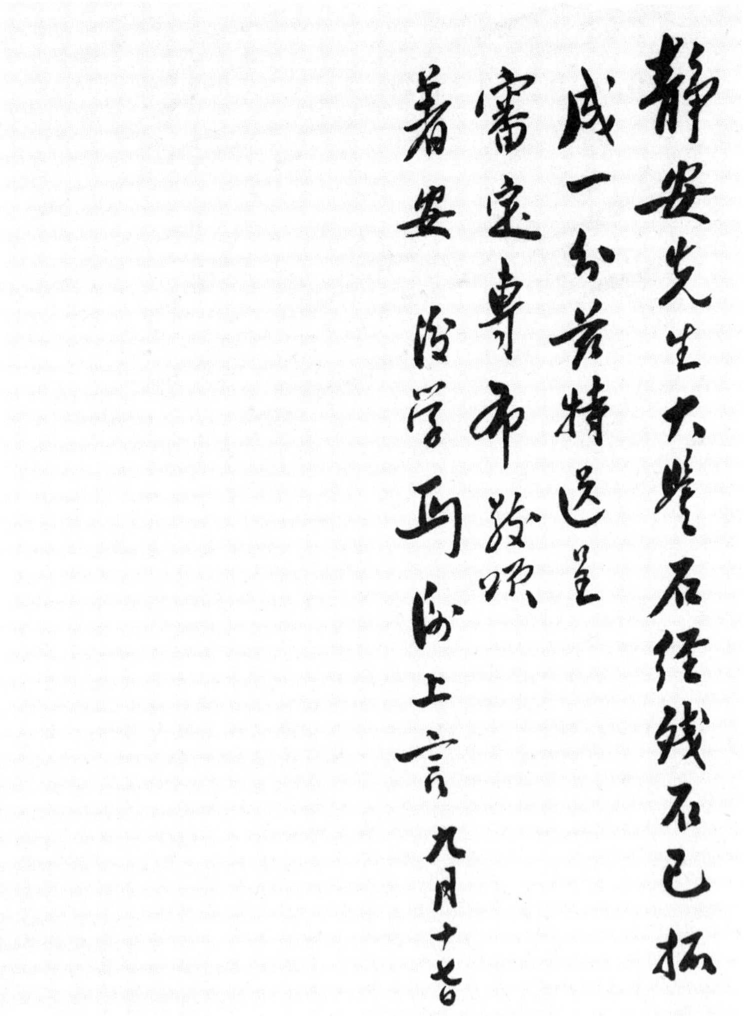
静安先生大鉴：石经残石已拓成一分，兹特送呈审定，专布，敬颂著安。後学马衡上言 九月十七日

1923年9月19日（农历八月初九日）

昨晚晤教甚快。灯下研求尊藏正始石经残石，“祇王殷”一石，乃《君奭》末、《多方》首之文，足证中间无《蔡仲之命》一篇。又“庶文王”一石，乃《立政篇》“庶常吉士”“文王惟克厥宅心”“文王罔攸兼于庶言、庶狱、庶慎”三句之字。前一残石乃《无逸》《君奭》一碑之次碑，第二残石乃其后第三碑。又“具瘁以”一石，确是《小雅·四月》之诗。因汉石经《论语》每章之首空一格，则《鲁诗》每章亦当尔也。谨以奉闻。

此上

叔平先生

弟国维顿首　初九早

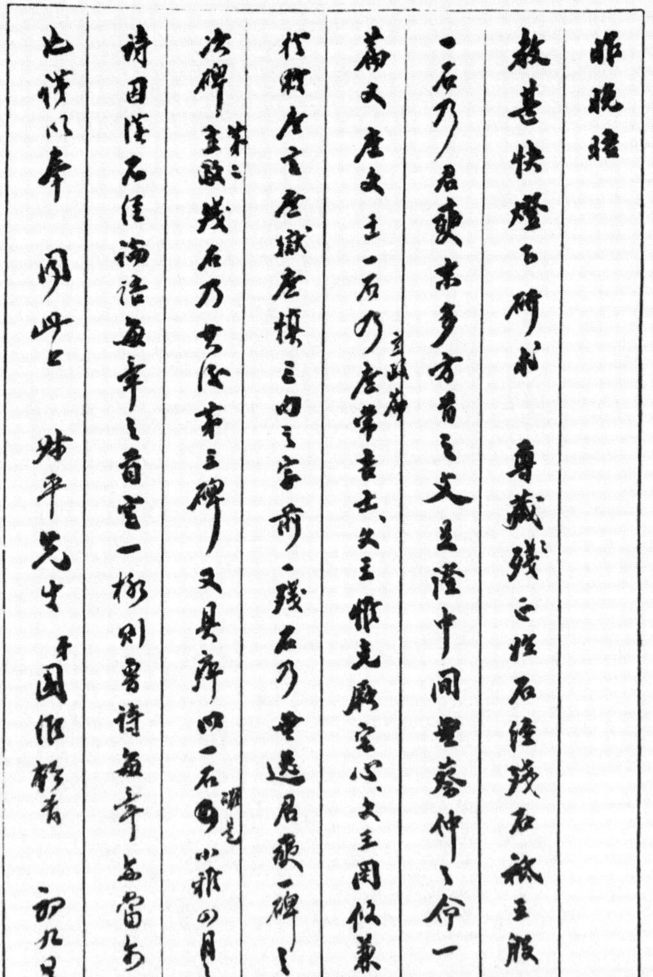

昨晚接

教甚快。燈下研求

尊藏殘殘之魏石經殘石，祇王服

一石乃君奭末、多方首之文，足證中間無蔡仲之命一

篇。又庶文王一石乃（立政篇）庶常吉士、文王惟克厥宅心、文王罔攸兼

于庶言庶獄庶慎三句之字。前一殘石乃無逸君奭一碑之

次碑，（第二）立政殘石乃書序第三碑，又其陰一石乃（確是）小雅四月之

詩。因漢石經論語每章之首空一格，則書詩每章亦當如

此。謹以奉聞，此上

叔平先生

弟國維頓首　初九日

上海錦雲堂製

1923年9月21日（农历八月十一日）

静安先生大鉴：

顷来郑观新出铜器，有长方形盘一，有文七，曰：“王子。”第四字似“次”字，第七字从“膚”从“皿”，是“[illegible]”[1]字。《说文》“[illegible]”，饭器也。此礼器中所仅见者。第三、四字为王子之名，疑即郑桓公友之字。不知先生以为如何？诸器惟此有字，其余尚待剔治也。尚有三器作形，椭圆敛口，圆底无足，旁有两耳，不知何名。闻新郑尚发掘未尽，明晨拟往视察之。此颂

著安

后学马衡上言　九月廿一日

---

①　[illegible]（lú）《龙龛手鉴·雨部》：“[illegible]，音盧。”《说文解字·皿部》：“盧，饭器也。”

【按】马衡于1923年9月19日受北京大学研究所国学门委托，赴河南新郑调查古物出土情况。撰有《新郑古物出土调查记》。

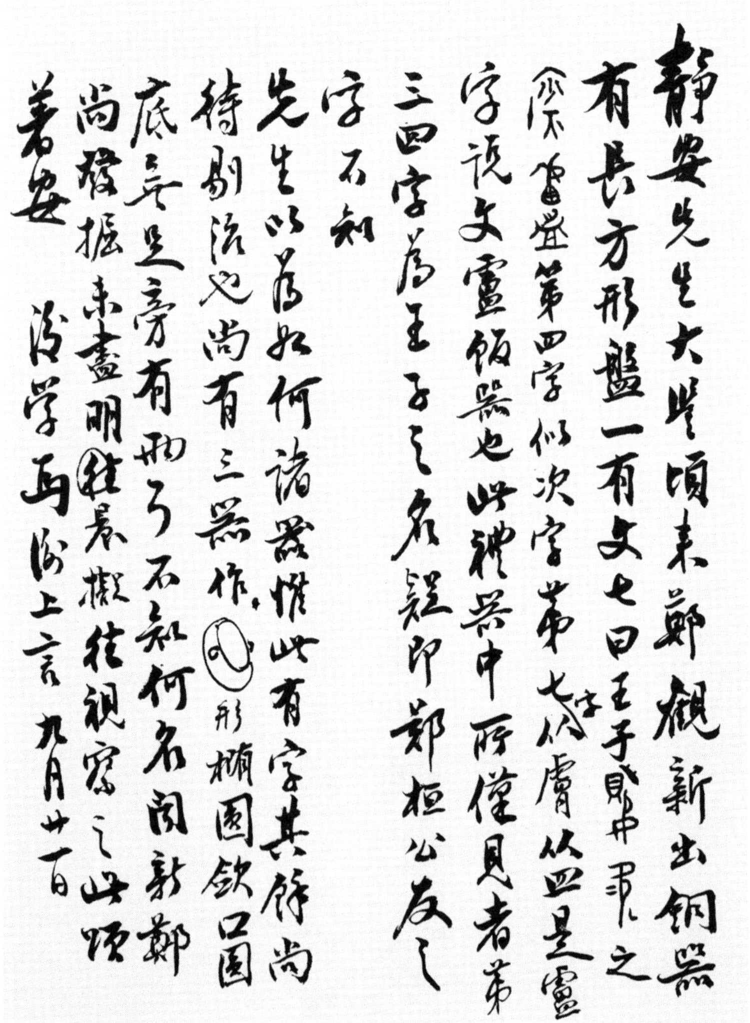

静安先生大鉴：顷来郑观新出铜器，有长方形盘一，有文七，曰王子嬰次之□盧。第四字似次字，第七字从膚从皿，是盧字。說文：盧，飯器也。此種器中所僅見者。第三四字爲王子之名，疑即鄭桓公友之字，不知先生以爲如何？諸器惟此有字，其餘尚待剔洗也。尚有三器作□形，橢圓斂口，圓底，其足旁有兩耳，不知何名。聞新鄭尚發掘未盡，明後晨擬往視察之。此頌著安

後學馬衡上言 九月廿一日

1923年9月29日（农历八月十九日）

前日奉访，不值为怅。所谈一节，以目下情形观之，实不能行，特先知照。雪堂一书转上，乞察收，余俟面罄。专此，即候

叔平先生起居

弟维顿首　十九日

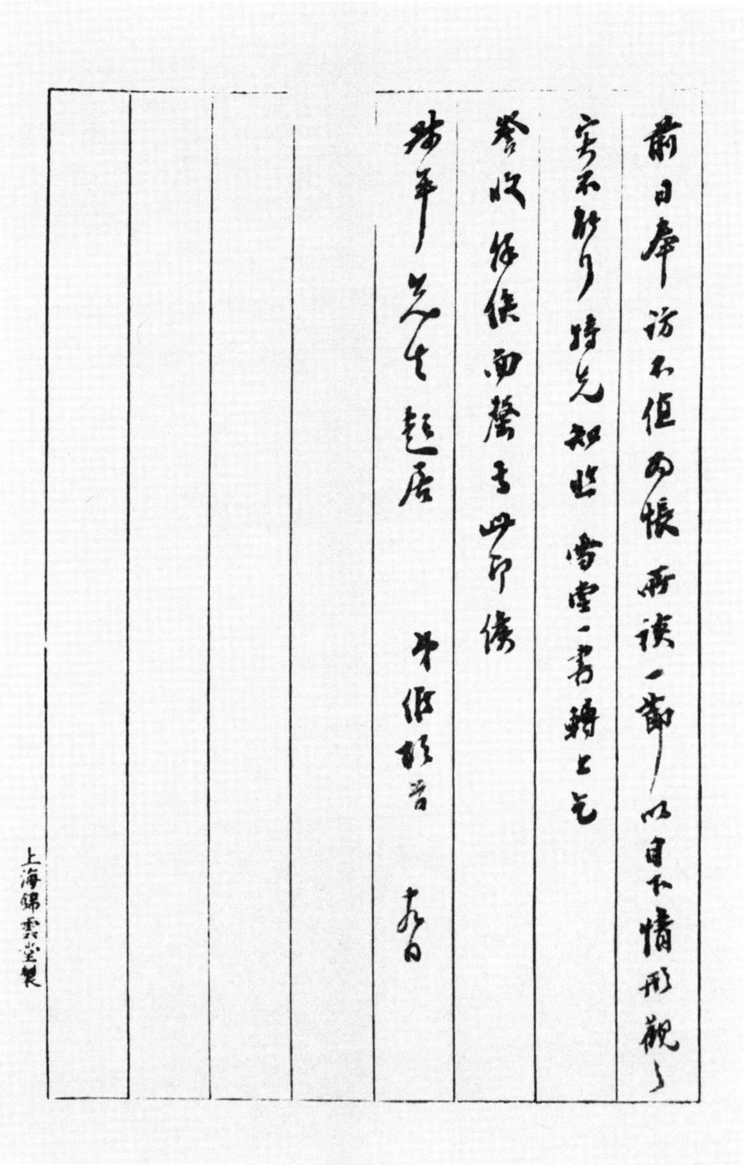
前日奉访不值为怅。所谈一节，以目下情形观之，
实不能行，特先知照。雪堂一书转上，乞
察收。馀俟面罄，专此即候
叔平先生起居　弟维顿首　[illegible]日

上海锦雲堂製

1923年11月8日（农历十月初一日）

叔平先生左右：

昨日畅谈，欣快奚似，并饫珍羞（馐），谢谢。今日接到研究所所惠拓本全份，请代谢兼士兄。地图已问宝公[①]，云在养心殿内，系康熙地图，则更有价值，唯系直幅或书册本。昨忘问及，似系大幅也（据云摹印不易，以是知之）。精满洲文字之文之人现颇有之，将来如需用时，可托宝公代为介绍。请告兼士兄及令兄。专肃，敬候

起居不一

弟维顿首　十月朔

---

① 宝公：指爱新觉罗·宝熙，溥仪的内务府大臣。

叔平先生左右：昨日暢談，欣快奚似。並歉
珍賚，謝謝。今日接到研究所所惠拓本全份，請代謝兼士
兄。地圖已問寶公，云在養心殿內，係康熙地圖，則更有價值（據云摹印本局，以是知之）。
唯係直幅或書冊本，昨忘問及，似係大幅也。精滿洲文字之
文之人現頗有之，將來如需用時，可託寶公代為介紹。請告
兼士兄及令兄，乞為致候
起居，不一。國維頓首

十月朔

1923年12月8日（农历十一月初一日）

前日把晤甚快。昨日出城至述古堂，见其《水经注笺》乃陶文毅藏书，有文毅印章及小象印，书亦干净，心甚爱之。乃与文友堂商，告以原价令其取易，今日竟以书来，文友意颇惭，亦不索增价，此吾兄见告之惠也。弟思一校傅沅叔所藏宋刊残本，故思得较善之书，今日入手，甚为满意，故以奉闻。此候

叔平先生起居

弟维顿首　十一月朔

雪堂有日内来京之说，前因伤风稍稽迟，来当奉闻。又申。

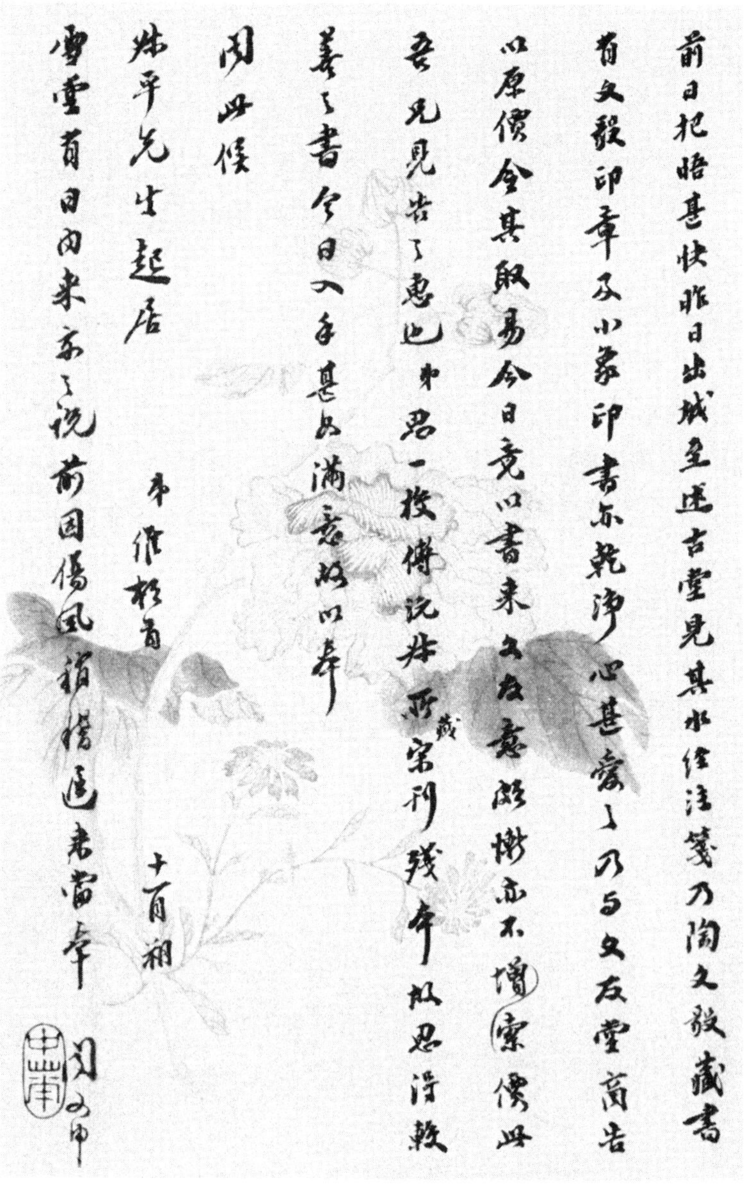
前日把晤甚快，昨日出城至述古堂，見其水經注箋，乃陶文毅藏書，有文毅印章及小篆印，書亦乾淨，心甚愛之，乃與文友堂商告以原價令其取易，今日竟以書來，大出意外，殊謝亦不增索價，此吾兄見告之惠也。申君一校傳說弟所藏宋刊殘本，擬恩借敎善之書，今日入手，甚為滿意，故以奉聞。此候
叔平先生起居
弟維頓首　十月朔
雪堂有日內來京之說，前因傷風稍稽遲，當奉聞。又申

1924年2月16日（农历甲子年正月十二日）

静安先生大鉴：

昨获晤教，为快。游厂肆有所得否？宋人所谓“安州六器”，据《金石录》云：“方鼎三、圆鼎二、甗一。”而王复斋所藏拓本中之“癸亥父己鬲鼎”“南宫方鼎”，下皆题“安州六器”字样。顷阅《薛氏法帖》[①]，卷十录圆宝鼎二，卷十六录方宝甗，皆云出于安陆之孝感，且三器皆同铭。疑王复斋册中“癸亥父己鬲鼎”未必为六器之一。不审先生以为如何？又彝器中称“十又四月”者，只“雍公缄鼎”一器，宋人多附会之说。《考古》《博古》，王氏、薛氏所橅（摹），又皆确为“三”字，不知先生对此亦有说否？更不知尚有他器否？均乞有以教我。专布，敬颂

著安

后学马衡上言　二月十六日

① 《薛氏法帖》：即南宋薛尚功著《薛氏钟鼎彝器款识》，又名《历代钟鼎彝器款识法帖》。

靜安先生大鑒：昨獲晤
教為快。游廠肆，有所得宋人所謂安
州六器拓，《金石錄》云方鼎三、圜鼎二、甗一，而
王復齋所藏拓本中之癸亥父己鬲鼎、南
宮方鼎下皆題「安州六器」字樣。頃閱薛
氏法帖卷十錄圜寶鼎二，卷十六錄方寶甗，
皆云出于安陸之孝感，且三器皆同銘，疑王
復齋冊中癸亥父己鬲鼎未必為六器

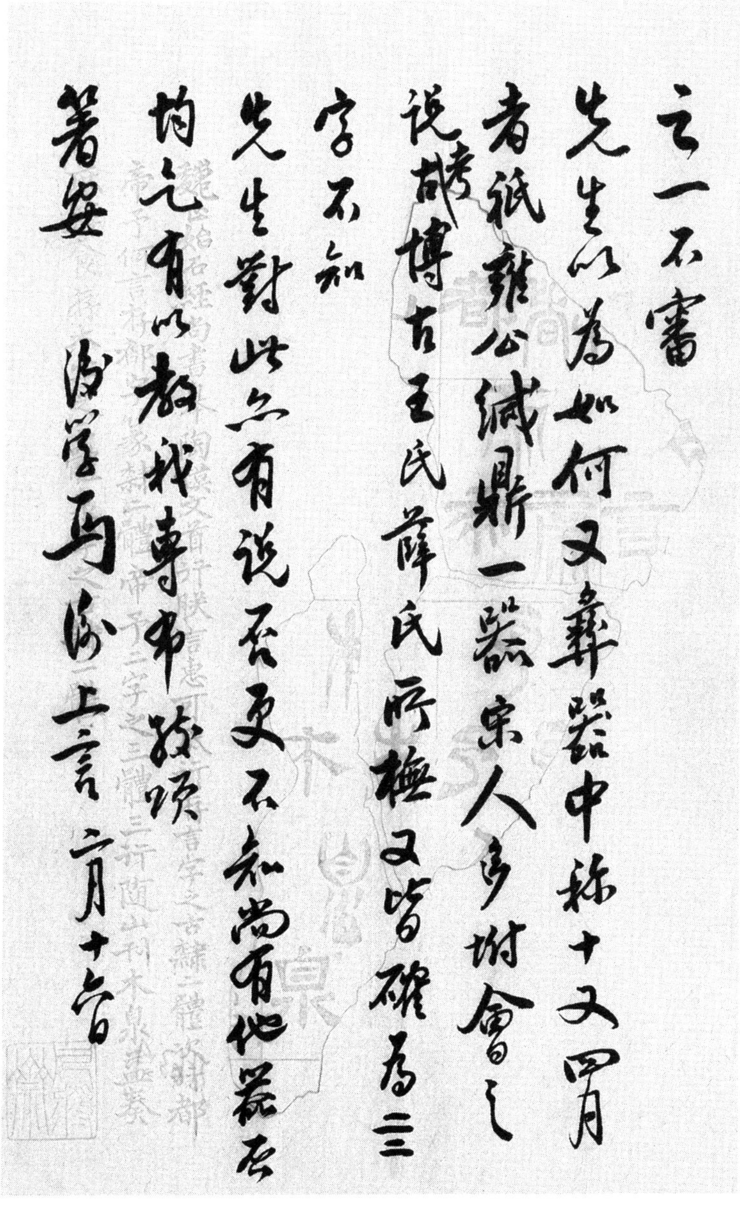
之一不審
先生以為如何？文彝器中稱十又四月
者，祇雝公緘鼎一器，宋人多坿會之
說。考博古王氏薛氏所橅又皆確為三
字，不知
先生對此亦有說否？更不知尚有他器否？
均乞有以教我，專此敬頌
著安。後學馬衡上言　二月十六日

1924年2月17日（农历正月十三日）

叔平先生有道：

前日畅谈至快。顷奉手教，疑“癸亥父己鬲鼎”非安州所出，甚是，盖复斋记忆之误也。然则安州六器著录于《博古图》中者，仅三“南宫方鼎”耳。“雍公缄鼎”，观其文，字体及文体实是周器，“十有三月”云云，当是剔误，商时止有十三月，周更无有十四月之理，姑从阙疑可耳。《殷虚（墟）书契前编》卷一第三叶[1]有“”三字，此“”字是否“十月”二字合文，抑仍系一个“月”字？请示教。专此，即候

起居

弟国维顿首

又卷二第三叶“七月”作“十”，第四叶“六月”作“介”，知“”仍是“月”字，非“十月”二字合文，又申。

---

① 叶：宋元印书，已在外口印有一、二、三等数字，但它都称“叶”。叶，即今通用之“页”。

叔平先生有道：前日暢談至快。頃奉
手教，疑癸亥父己鬲鼎即安州所出，甚是。益復齋記憶之誤也。
然則安州六器，著錄于博古圖中者，僅之南宮方鼎耳。雍公
緘鼎觀其文字及文體（銘），實是周器。十有三月云云，當是劉誤。
商時止有十三月，周更無有十四月之理，然從闕疑可耳。殷虛書
契前編卷一第三葉有十三D，此D字是否十月二字合文（三字）（抑仍為十一月字），請示教。專此，即
（又卷二第一葉七月作十D，第四葉六月作介D，知D仍是月字，非十月二字合文之甲）
候
起居
弟國維頓首

1924年2月26日（农历正月廿二日）

静安先生大鉴：

日前得复书，敬悉。“雍公缄鼎”之“十有三月”或是“三”字之误。周器之称“十三月”者有“牧敦”“文姬匜”“臤尊”等器，疑商周间皆置闰于岁末也。

《隋志》十五种尺[1]，已托人仿制。其中第十种之“东后魏尺，比晋前尺一尺五寸八毫”，比今营造尺犹长，实属不伦。初疑“寸”字或系“分”字之误，后检《隋志》“律管围容黍篇”，东魏尺之所容独多，始知不误。然东魏尺独长且超过于今尺，实一疑问。曾记先生有一文论后魏尺度骤长之故，能举以见示否？甚感！专布，敬颂

撰安

后学马衡上言　二月廿六日

---

① 《隋志》：即《隋书·律历志》，其《审度篇》将魏晋南北朝以至隋共十四个朝代诸代尺度记载，依各朝代尺度的长短，分为十五个等级，其中第十等为东后魏尺。《审度篇》曰：“十、东后魏尺，实比晋前尺一尺五寸八毫。”

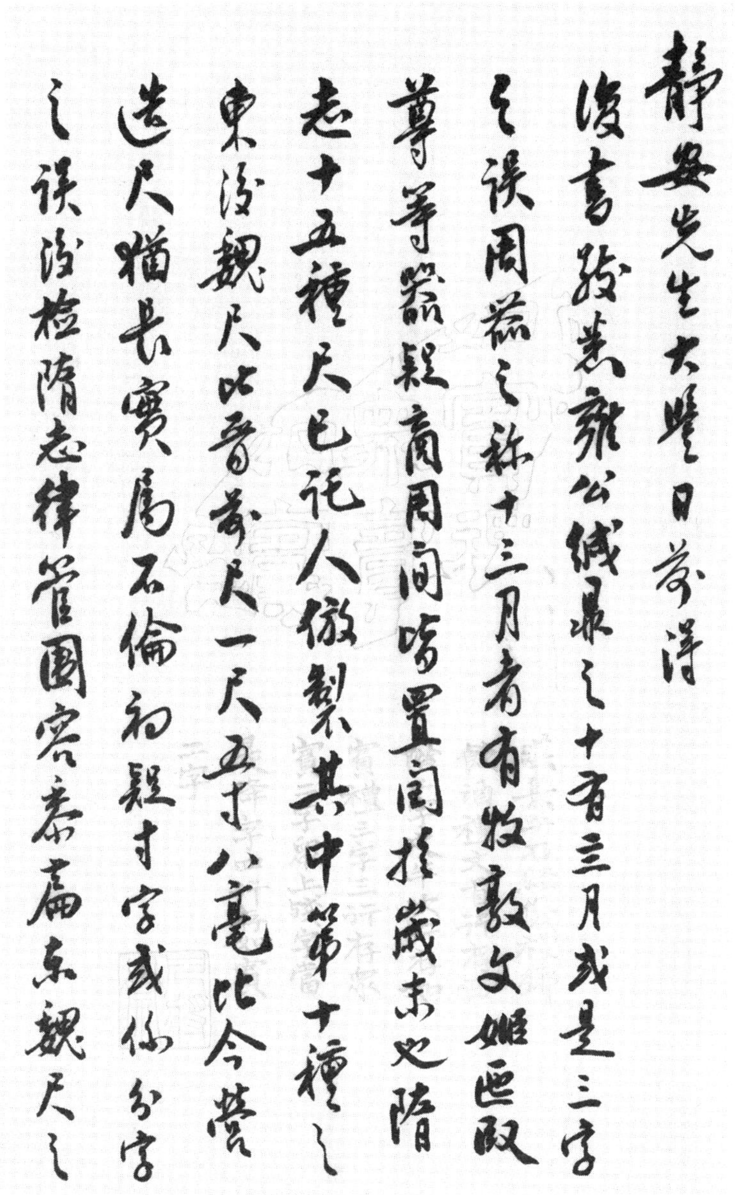
靜安先生大鑒日前得
復書敬悉雍公緘鼎之十有三月或是三字
之誤周器之銘十三月者有牧敦文姬匜殷
尊等器疑商周間皆置閏於歲末也隋
志十五種尺已託人仿製其中第十種之
東後魏尺比晉前尺一尺五寸八毫比今營
造尺猶長實屬不倫甚疑寸字或係分字
之誤後檢隋志律管圍容黍看東魏尺之

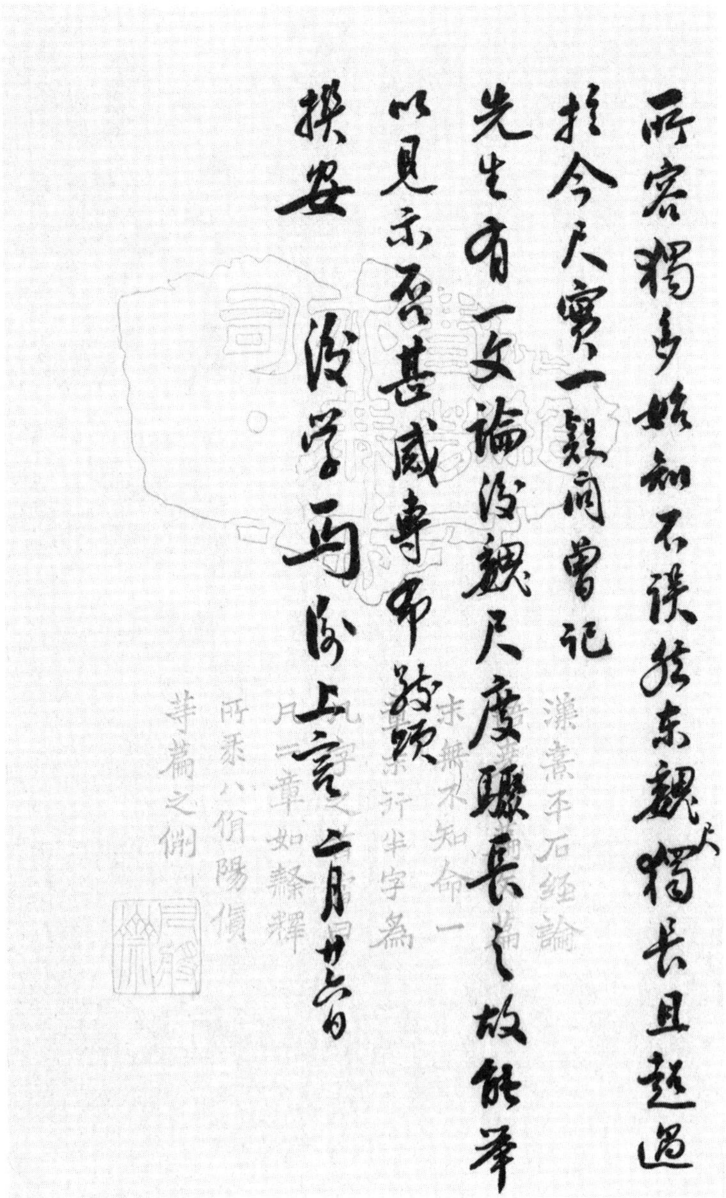

所容獨多始知不僅於東魏尺獨長且超過於今尺實一疑問曾記先生有一文論後魏尺度驟長之故能舉以見示否甚感專布敬頌撰安

後學馬衡上言 六月廿六日

1924年3月2日（农历正月廿七日）

叔平先生侍史：

顷接手书，敬悉一切。东魏尺度特长，盖因调绢之故。《北齐史·崔暹传》齐天保“调绢以七丈为匹”，可以参证。拙著《中国历代之尺度》一篇寄上，请教正。赴东之期尚有一月否？专复，即颂

起居

弟维顿首　廿七日

【按】1922年春夏间，王国维考历代尺度，撰《记现存历代尺度》一文，即《中国历代之尺度》。王国维据中外所藏历代尺度实物，考定“尺度之制，由短而长，殆成定例。然其增率之速，莫剧于东晋后魏之间……而自唐迄今，则所增甚微，宋后尤微。求其原因，实由魏晋以降，以绢布为调……官吏惧其短耗，又欲多取于民，故尺度代有增益，北朝尤甚。自金元以后，不课绢布，故八百年来，尺度犹仍唐宋之旧”。(《观堂集林》卷十九《记现存历代尺度》,《王国维遗书》本)

叔平先生侍史：頃接
手書，敬悉一切。東魏尺度特長，蓋因調絹之故。北齊史崔暹傳，齊天保調
絹以七丈為匹，可以參證。拙著中國歷代之尺度一篇寄上，請
教正。赴東之期尚有日否？告及。即頌
起居。　國維頓首　廿七日

1924年5月26日（农历四月廿三日）

叔平先生左右：

经旬不见，甚念。雪堂有函件致兄。（古玉拓本百余纸，系赠研究所者，并还仿制铜勺款。）本拟奉访，而以电话询尊寓二次，知近日甚忙，未知何日能闲？祈示及，或以电话通知为荷。

近日作《散盘考释》，比前所考者略有进步。又排比魏石经行款，知尊藏"介退"一石竟是《皋陶谟》"以五介彰施于五色"及"退古后言"之文，"介"字右旁一笔，乃是"予"字末笔，此三字皆在行末，以行款定之，别无可疑。而"五采"作"五介"，乃与郑、孔二本均殊，直是闻所未闻。郑君以未用、已用分解"采色"二字，说似可通，然究未免支离。魏石作"五介"，盖谓"采色"次序，如《考工记》所载"缋次""绣次"，是则"彰施"二字始有着落，又将汉石经残字写定一过，亦颇有发见，见时当持共观也。专肃，敬候

起居不一

弟维顿首　廿三日

【按】王国维《散盘考释》撰于1924年5月，故此函当写于1924年5月26日农历四月廿三日。

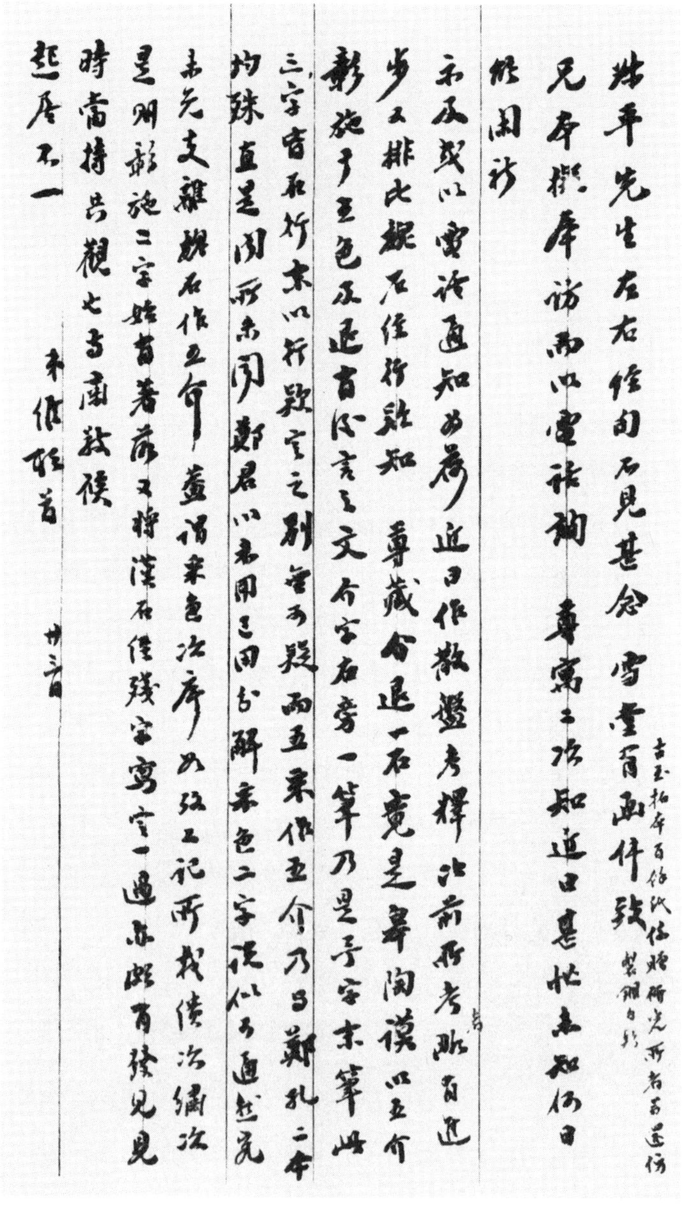
叔平先生左右：旬日不見，甚念。雪堂有函件致（古玉拓本百餘紙，往時所見所有者，寄還仍製銅白紙）
兄，本擬奉訪，而以電話詢尊寓，知近日甚忙，未知何日
能閑，訪
示及。前以電話通知，如存。近日作散盤考釋，比前所考頗有進
步。又排比魏石經，始知尊藏合退一石竟是皋陶謨，以五行
彰施于五色，及退首行言之文命字右旁一筆，乃是予字末筆。此
三字首石作于，以于殘字之別，當可疑，而五采作五色，乃與鄭孔二本
均殊，直是聞所未聞。鄭君以來用三田解采色二字，從似可通，然究
未免支離。魏石作五色，蓋謂采色，次序如孫氏所載，僞次編次，
是則彰施二字始有着落。又將漢石經殘字寫定一通，亦頗有發見，
時當持與觀也。專肅敬候
起居不一
弟維頓首
廿三日

1924年8月11日（农历七月十一日）

兼士、叔平仁兄鉴：

昨阅报纸，见北京大学考古学会《保存大宫山古迹宣言》，不胜骇异。大宫山古迹所在地是否官产，抑系皇室私产；又是否由皇室赏与洵贝勒，抑系洵贝勒自行购置，或竟如《宣言书》所谓强占？均有研究之余地。因洵贝勒之毁坏砖塔，而即谓其占据官产，已无根据；更因此而牵涉皇室，则尤不知学会诸君何所据也？至谓“亡清遗孽擅将历代相传之古器物据为己有”，此语尤为弟所不解。夫有明一代，学术至为简陋，其中叶以后，诸帝尤不悦学，故明代内府殆无收藏可言。至珍异玩好，则甲申之变已为闯贼搜括殆尽。明亡于是年三月，而大清世祖章皇帝始于十月，自盛京入居大内，宫廷空虚，垂六阅月，其间明之遗物，闯贼劫掠之所剩者，又经内监之隐匿，宵小之攘窃，殆无孑遗。故顺治初年，故宫遗物阗溢都市，吴梅村《读史偶述》诗云：“宣炉厂盒内香烧，禁府图书洞府萧。故国满前君莫问，凄凉酒盏斗成窑。”又《送王员照》诗云：“内府图书不计钱，汉家珠玉散云烟。而今零落无收处，故国兴亡已十年。”当日布棚冷摊情形如此，是本朝入关以后，未尝得明代之宝器也。其可谓历代相传之古器物者，近如国学之石鼓，稍远者如房山之石经，远者如长安之碑洞，皇室未尝据为己有也。其可谓历代相传之古籍者，惟内阁大库之书籍，多明文渊阁之遗，此于宣统初年，我皇上即以之立京师图书馆，其支流为今之历史博物馆，皇室未尝据为己有也。今日内府之所藏，皆本朝二百余年之所搜集，其大半购自民间，其小半得于臣工之所进奉。《高宗纯皇帝御制文集》题跋一类，与《御制诗集注》中历纪其事，可复按也。故今日宫中储藏与夫文华、武英诸殿陈列诸物（此二殿物民国尚未缴价以前），以古今中外之法律言之，固无一非皇室之私产，此民国优待皇室条件之所规定，法律之所保护，历任政府之所曾以公文承认者也。夫以如此明白之私产而谓之占据，是皇室于实际上并未占据任何之财产，而学会诸君于文字上已侵犯明白之私产矣。夫不考内府收藏之历史与优待条件，是为不智；知之而故为是言，是为不仁；又考古学会反对内务部《古籍、古物、古迹保存法草案意见书》，于民国当道提取古物陈列所古器作疑似之辞，而对皇室事，无论有无，不恤加以诬谤，且作断定之语，吐刚茹柔，是为无勇。不识学会诸君于此将何居焉？又优待条件载，民国人民待大清皇帝以外国君主之礼，今《宣言》中指斥御名至于再三，不审世界何国对外国君主用此礼也？诸君苟已取销（消）民国而别建一新国家则已，若犹是中华民国之国立大学也，则于民国所以成立之条件与其保护财产之法律，必有遵守之义务。况大学者，全国最高之学府，诸君又以学术为己任，立言之顷，不容卤莽灭裂如是也。抑弟更有进者，学术固为人类最高事业之一，然非与道德、法律互为维持，则万无独存之理。而保存古物，不过学术中之一条目，若为是故而侵犯道德、法律所公认为社会国家根本之所有权，则社会国家行且解体，学术将何所附丽？诸君所欲保存之古物，欲求其不为劫灰，岂可得乎？即不然，强有力者将以学术为名，而行掠夺侵占之实，以自盈其囊橐，诸君所谓文献，将全为齑粉者将于是乎实现，不审于学术何所利焉？于诸君又何所利焉？二兄素明事理，于此《宣言书》竟任其通过发表，殆偶失之不检，故敢以意见陈诸左右。

又弟此书，乃以考古学者之资格，敬告我同治此学之友，非以皇室侍从之资格告大学中之一团体也。知我罪我，弟自负责，无预他人，合并附告。伏希亮察。并候

起居不尽

弟王国维顿首

再启者：弟近来身体孱弱，又心绪甚为恶劣，二兄前所属（嘱）研究生至敝寓咨询一事，乞饬知停止；又研究所国学门导师名义亦乞取销（消）；又前胡君适之索取弟所作《书戴校水经注后》一篇，又容君希白钞（抄）去"金石文跋尾"若干篇，均拟登大学《国学季刊》，此数文弟尚拟修正，乞饬主者停止排印。至为感荷。

国维又顿首

【按】北京大学考古学会《保存大宫山古迹宣言》最早发表于 1924 年 8 月 9 日《北京大学日刊》。王国维开篇"昨阅报纸"所指当为 8 月 10 日见报，故此《致沈兼士马衡书》当写于 1924 年 8 月 11 日。

大清世祖章皇帝始於十月自盛京入居前明大內宮廷空虛
垂六閱月其間明之遺物闖賊劫掠之所剩者又經內監之
隱匿胥小之攘竊殆無孑遺故順治初年故宮遺物闌遺
都市吳梅村讀史偶述詩云宣爐廠盒內香燒禁府
圖書洞府蕭故國滿前君莫問淒涼酒盞鬥成窯又送
王員照詩云內府圖書不計錢漢家珠玉散雲烟而今零
落無收處故國興亡已十年當日布棚玲攤情形如此是
本朝入關以後未嘗得明代之寶器也其可謂歷代相傳
之古器物者近如國學之石鼓稍遠者如房山之石經遠者
如長安之碑洞 皇室未嘗據為已有也其可謂歷代相傳

兼士叔平仁兄鑒昨閱報紙見北京大學攷古學會保存大
宮山古蹟宣言不勝駭異大宮山古蹟所在地是否官產
抑係　皇室私產又是否由　皇室賞與洵貝勒抑係
洵貝勒自行購置或竟如宣言書所謂強佔均有研究之
餘地因洵貝勒之毀壞碑塔而即謂其佔據官產已無根
據更因此而牽涉　皇室則尤不知學會諸君何所據
也至謂亡清遺孽擅將歷代相傳之古器物據為己有此
語尤為　弟所不解夫有明一代學術至為簡陋其中葉以
後諸帝尤不悅學故明代內府殆無收藏可言至珍異玩
好則甲申之變已為闖賊蒐括殆盡明亡於是年三月而

於實際上並未占據任何之財產而學會諸君於文字上
已侵犯明白之私產矣夫不攷內府收藏之歷史與優待條
件是為不智知之而故為是言是為不仁又攷古學會反對內
務部古籍古物古蹟保存法草案意見書於民國當道稱
取古物陳列所古器作疑似之辭而對　皇室事無論有
無不恤加以誣謗且作斷定之語吐剛茹柔是為無勇不識
學會諸君於此將何居焉又優待條件載民國人民待
大清皇帝以外國君主之礼今宣言中指斥　御名至於再
三不審世界何國對外國君主用此礼也諸君苟已取銷民
國而別建一新國家則已若猶是中華民國之國立大學也

之古籍者惟内閣大庫之書籍多明文淵閣之遺此於宣統初年我 皇上即以之立京師圖書館其支流為今之歷史博物館 皇室未嘗據為己有也今日内府之所藏皆本朝二百餘年之所蒐集其大半購自民間其小半得於臣工之所進奉 高宗純皇帝御製文集題跋一類与 御製詩集注中歷紀其事可覆按也故今日 宮中儲藏与夫文華武英諸殿陳列諸物（此二殿物民國尚未繳價以前）以古今中外之法律言之固無一非 皇室之私產此民國優待皇室條件之所規定法律之所保護歷任政府之所曾以公文承認者也夫以如此明白之私產而謂之占據是 皇室

於學術何所利焉於諸君又何所利焉　二兄素明事理

於此宣言書竟任其通過發表殆偶失之不檢歟以

鄙意見陳諸　左右又弟此書乃以考古學者之資格致告

我同治此學之友非以　皇室侍從之資格告大學中之

一團體也知我罪我弟自負責無預他人合并附告伏希　亮察

並候

起居不盡　弟王國維頓首

則於民國所以成立之條件與其保護財產之法律必有遵守之義務況大學者全國最高之學府諸君又以學術為己任立言之頃不容鹵莽滅裂如是也抑弟更有進者學術固為人類最高事業之一然非與道德法律互為維持則萬無獨存之理而保存古物不過學術中之一條目若為是故而侵犯道德法律所公認為社會國家之根本之所有權則社會國家行且解體而學術將何所附麗諸君所欲保存之古物欲求其不為劫灰豈可得乎即不然強有力者將以學術為名而行掠奪侵占之實以自盈其囊橐諸君所謂文獻將全為齏粉者將於是乎實現不審

再啓者　弟近來身體屢弱又心緒甚為惡劣所有二
先前所屬研究生至敝寓咨詢一事乞　飭知停止
又研究所國學門導師名義亦乞　取銷　又前　胡
君適之索取　弟所作書戴校水經注後一篇　又　容君
希白飭去金石文跋尾若干篇均擬登大學國學季
刊　此數文　弟尚擬修正乞　飭主者停止排印　至為感
荷　　國維又頓首

1924年11月13日（农历十月十七日）

昨谈至快。石经事已与雪堂言及，渠日内或须反（返）津，一行可自携来京，否则由他便，一星期后亦可携来，谨以奉闻。

又委员会[①]捡（检）查南书房时，弟有如意四柄（上并有姓名），朝冠、披肩、朝裙各一件，同宫中亦多有之，同被封在一小屋内，祈为一言诸会中，一并捡交太监朱义方为感。专此，敬请

叔平先生炉安

弟王国维顿首　十七日

---

① 委员会：即“清室善后委员会”。

【按】“昨谈至快”可鉴虽然王国维怒辞北京大学任事，但并未影响他与马衡之间学术研究相互切磋的兴趣和友谊。又，冯玉祥驱逐溥仪出宫后，1924年11月7日午夜，临时执政府摄政内阁正式发布命令：“修正清室优待条件，业经公布施行，着国务院组织善后委员会，会同清室近支人员，协同清理公产、私产，昭示大公。所有接收各公产，暂责成该委员会妥善保管，俟全部结束，即将宫禁一律开放，备充国立图书、博物馆等项之用，藉彰文化而垂久远。”8日始，马衡与北京大学师生参加监视神武门内军警检查内廷迁出人员携带物品，王国维欲借此将其遗留宫中的私物携出。14日，政府公报公布国务院所拟《办理清室善后委员会组织条例》。此函当写于8日至14日之间，即1924年11月13日（农历十月十七日）。

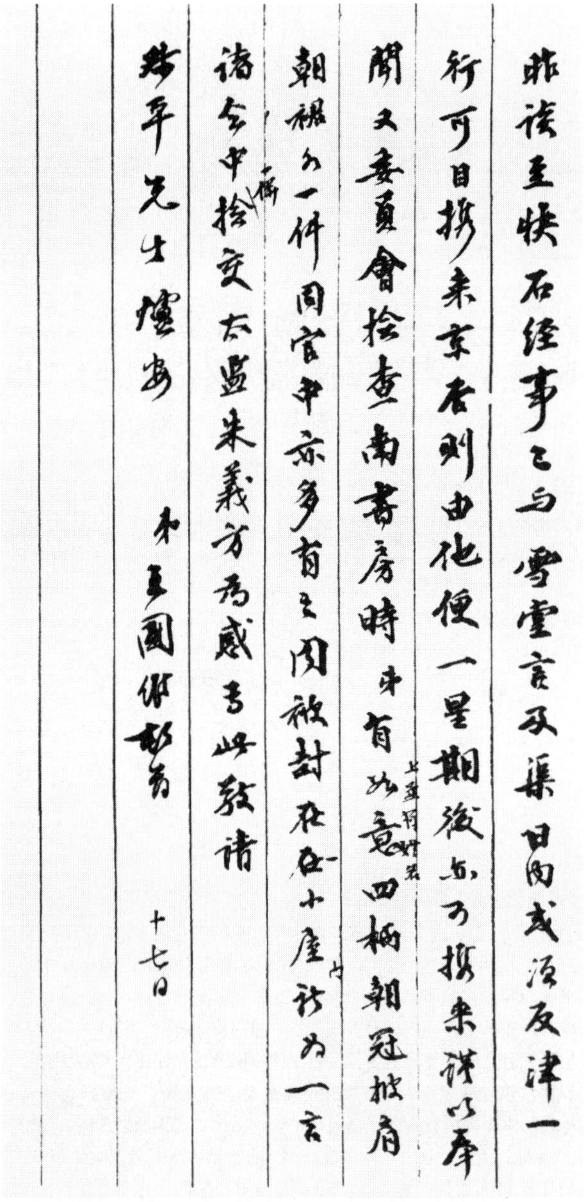

非误至快，石经事已与雪堂言及，渠日内或须反津一行，可自携来京，否则由他便一星期后亦可携来，谨以奉闻。又委员会捡查南书房时，曾有如意四柄、朝冠、披肩、朝裙各一件，因宫中亦多有之，同被封存在小屋，请为一言诸会中，捡交太监朱义方为感。专此敬请

叔平先生道安

弟王国维顿首　十七日

1924年11月17日（农历十月廿一日）

前奉寄一书，想达左右。石经残石已由天津便人带到，雪堂属（嘱）转致台端，请莅取为荷。明抄《水经注跋》又增入抄本胜处一则（共三纸附上），请转致遏先兄，并请其饬人将原书取去，因弟将遏兄住址忘却，故请转达。专此，敬候

叔平先生起居

弟维顿首　廿一日

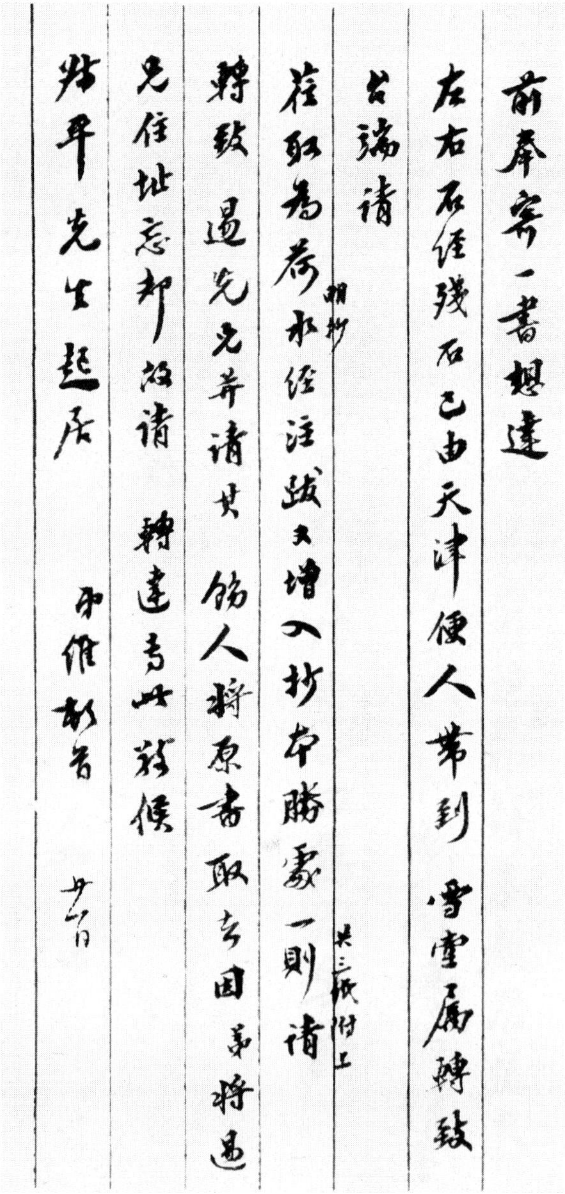
前奉寄一書，想達
左右。石經殘石已由天津便人帶到，雪堂處轉致
台端，請
莅取為荷。明抄水經注跋文增入抄本勝處一則，請（共三紙付上）
轉致遇夫先生，并請其飭人將原書取去，因弟將遇
夫住址忘却，故請　轉達。專此，敬候
叔平先生起居
弟維頓首　廿八日

1925年8月11日（农历乙丑年六月廿二日）

静安先生大鉴：

前月得复书，匆匆赴洛，未及作答，甚歉。此行原为发掘事向各方交涉，乃奔走经月，障碍尚多，不知此愿能偿否也。衡前日抵京，适贵校试案揭晓，前奉托之研究生何士骥[①]，取在备取之列。何君求学情殷，如有可以设法之处，乞赐予成全。是所至祷！专此，敬请

撰安

后学马衡上言　八月十一日

台从何日来城，寓居何所，请先期示知。

---

① 何士骥（1893--1984）：字乐夫，浙江诸暨人。为1925年清华研究院录取首届新生，曾任教于北京大学、中法大学、北京师范大学等校。著作有《部曲考》《古本道德经校刊》等。

【按】从1924年11月17日王国维致马衡书，到1925年8月11日马衡致王国维书所言"前月得复书"，可证在此相隔8个月期间，尚有往来书信若干缺失，原件不知所在。另，何士骥1925年7月27日被清华研究院录取，故此札当写于1925年。

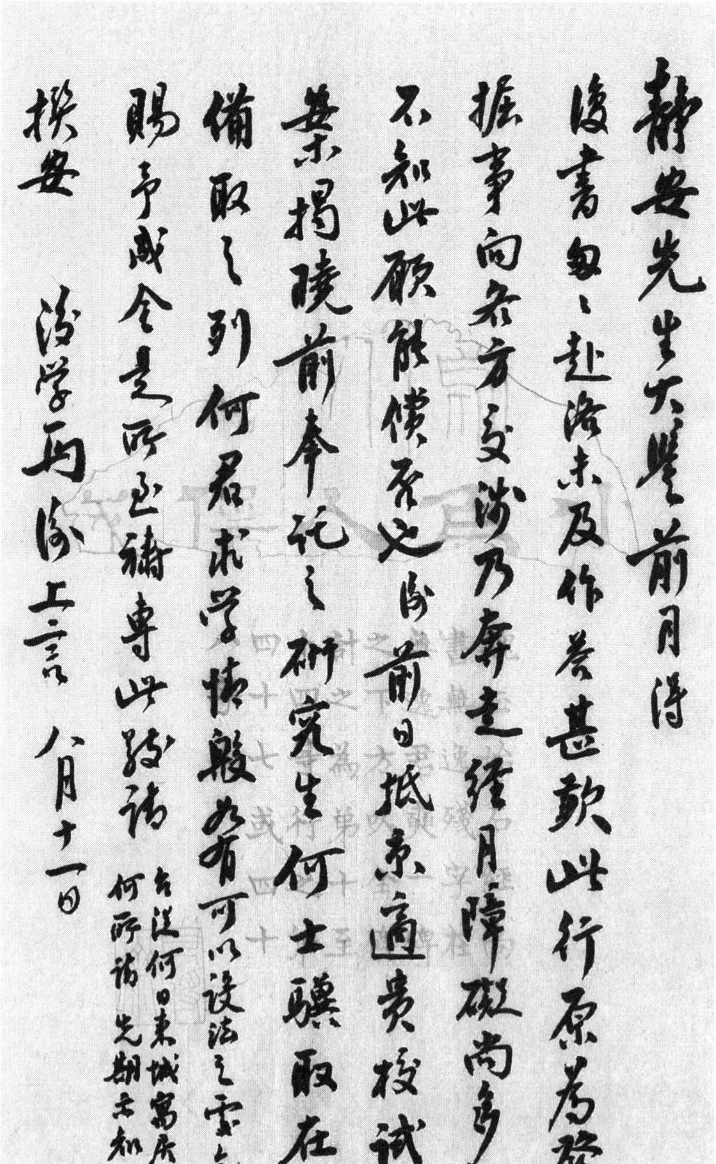

靜安先生大鑒：前月得

復書，匆匆赴洛，未及作答，甚歉。此行原爲發

掘事，向各方交涉，乃屏走經月，障礙尚多，

不知此願能償否也。衡前日抵京，適貴校試

業揭曉，前奉托之研究生何士驥取在

備取之列。何君求學情殷，如有可以設法之處，允

賜予成全，是所至禱。專此，敬請（台從何日來城寓，居何所，請先期示知）

撰安。衡上言。八月十一日

1925年8月12日（农历六月廿三日）

叔平先生左右：

昨归自津，顷接手书，知台从已自雒归，并审一切。何生列在备取，想正取诸人必有一二人不到者，开校未几，亮可即补。此次考试均用糊名法，因清华夙办留学考试，函托甚多，竞争甚烈，故采用此法。故弟知考取人名单亦仅较外间早一日也。弟自移居后，进城甚稀，即进城亦皆晨入暮出，故久未奉诣。后此入城，如有定期，当函闻于某处相见，并当约森玉也。专复，敬候

起居不一

弟维顿首　廿三日

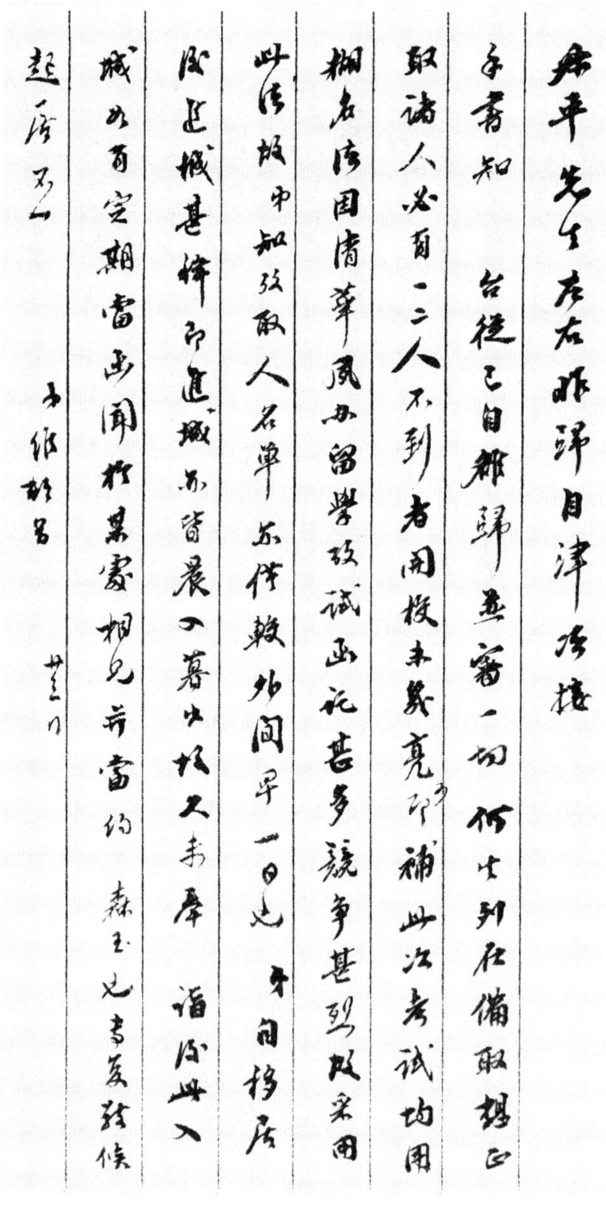

叔平先生左右：昨歸自津，復接手書，知台從已自鄴歸。燕齋一切何止列在備取，想正取諸人必有一二人不到者，開校未幾，亮即可補。此次考試均用糊名法，因清華風氣留學考試函託甚多，競爭甚烈，故采用此法。校中如欲取人名單，亦僅較外間早一日也。弟自移居後，進城甚稀，即進城亦皆晨入暮出，故久未奉謁。俟此入城，必有定期，當函聞於某處相見，并當約森玉兄來共談。候起居不一。

弟維頓首

廿三日

1925年9月2日（农历七月十五日）

叔平仁兄左右：

昨接手书并赐《赵建武猿戏柱石孔拓本》，敬拜嘉惠。此次洛游，除石经残片外更见何物？闻发掘事将复活，信否？近天气突热，弟惮暑殊甚，故每月进城不过一次，未能晤教，殊以为念。何生事当留意。专肃，敬候

起居

弟维顿首　十五日

【按】“昨接手书”证1925年9月2日前，当有马衡致王国维书一函，原件不知所在。

叔平仁兄左右：昨接
手书并
赐赵建武猿戯石孔拓本，敬拜
嘉惠。此次洛游除石经残片外，更见何物？闻发掘事
将复活，信否？近天气炎热，中怿暑殊甚，故每月进城
不过一次，未能趋 教，殊以为念。何[illegible]事了，当留意书肃
教候
起居
弟维顿首
十三日

1925年9月8日（农历七月廿一日）

静安先生大鉴：

昨何君士骥来言，研究生备取二名[①]，已蒙一律收录，今晨将迁移入校。爰检新得石经碎片拓本数十种，及卣文影印本一纸，托其转呈左右，不审已收到否？念念。专布，敬颂

著安

后学马衡上言　九月八日

① 1925年9月9日清华国学研究院开学，录取首届新生，正取30名，备取2名。何士骥名列其中。

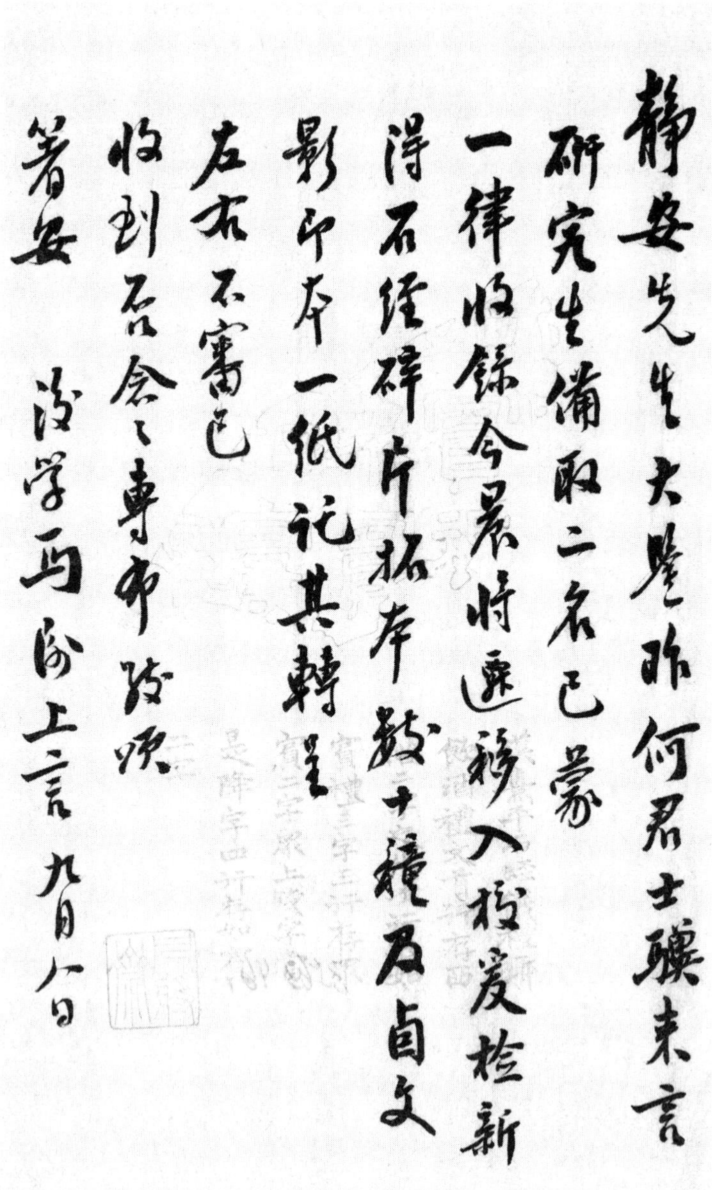
靜安先生大鑒：昨何君士驥來言
研究生備取二名已蒙
一律收錄，今晨時遷移入校，爰檢新
得石經碎片拓本數十種及卣文
影印本一紙，託其轉呈
左右，不審已
收到否？念念。專布，即頌
著安
後學馬衡上言　九月八日

1925年9月9日（农历七月廿二日）

叔平先生有道：

顷何生士骥到校，携来所赐“汉魏石经残石拓本”共近七十种，百朋之锡，何以加之，敬谢，敬谢！询之何生，知兄上月返京，并未再赴洛阳，想发掘事尚未有成议。此次所得残石至六七十片之多，可谓大观。然非兄亲往，恐亦不能运至此也。汉石经中，其一块有“阳”字及“弭”字者，乃《小雅·采薇》《出车》二篇之文（魏石经中似尚有《无逸》残字，不止《民命》一石，尚未细检），弟才阅一过，仅能知此，想兄必已考出也。小字隶书，究系何物？兄已考出否？专肃鸣谢。敬请

撰安不一

弟国维顿首　廿二日夕

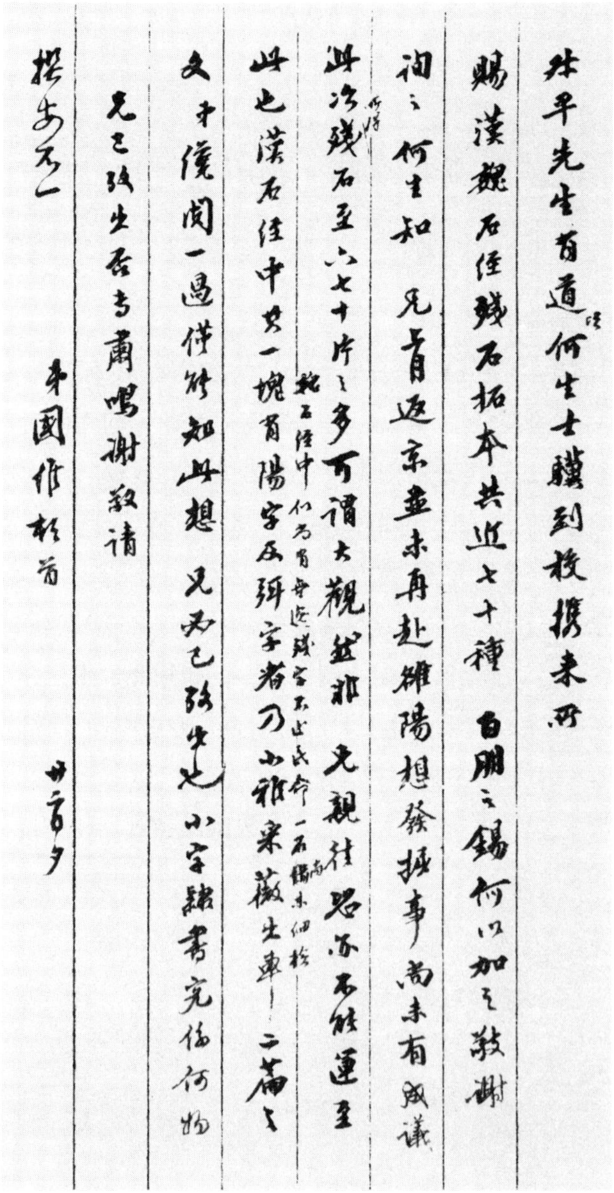
叔平先生有道：頃何生士驥到校，携來所
賜漢魏石經殘石拓本共近七十種，百朋之錫，何以加之，敬謝
謝。何生知兄有返京，并未再赴雒陽，想發掘事尚未有成議。
此次所得殘石至六七十片之多，可謂大觀，然非兄親往，恐亦不能運至
此也。漢石經中，其一塊有陽字及殍字者，乃小雅采薇、出車二篇之
魏石經中似尚有安遠殘字，不止氏命一石，商，尚未細檢。
文。弟僅閱一過，僅能知此。想兄必已攷出之。小字隸書究係何物，
兄已攷出否？專肅鳴謝，敬請
著安。弟國維頓首 廿六夕

1925年9月14日（农历七月廿七日）

静安先生大鉴：

昨读惠书，敬承一是。石经残石内有十凷（块），为今年春间衡所购定者。《小雅》一石亦在其内，其余皆此次赴洛为学校购得者。魏石经《尚书·无逸》及《春秋·僖公》一石中，确有可补之残字，据衡所检得，约有十石，不审先生尚有发见否？

近山西出有虎符八枚，（估人谓出于大同不知可信否？）左右完具，闻已运至都中，将秘密以重价售之外人。衡未见原器，托人展转录得其文，凡郡太守符三、护军符五，估人以其有皇帝字样号称秦符，日估不察，竟出价至五万元，殊可哂也。今录奉一纸请为审定，衡疑此符为刘石时物，但吐京一县（护军上皆冠县名），为北魏廿一年所改，不知是北魏时物否？幸有以教之。专此，敬颂

撰安

后学马衡上言　九月十四日

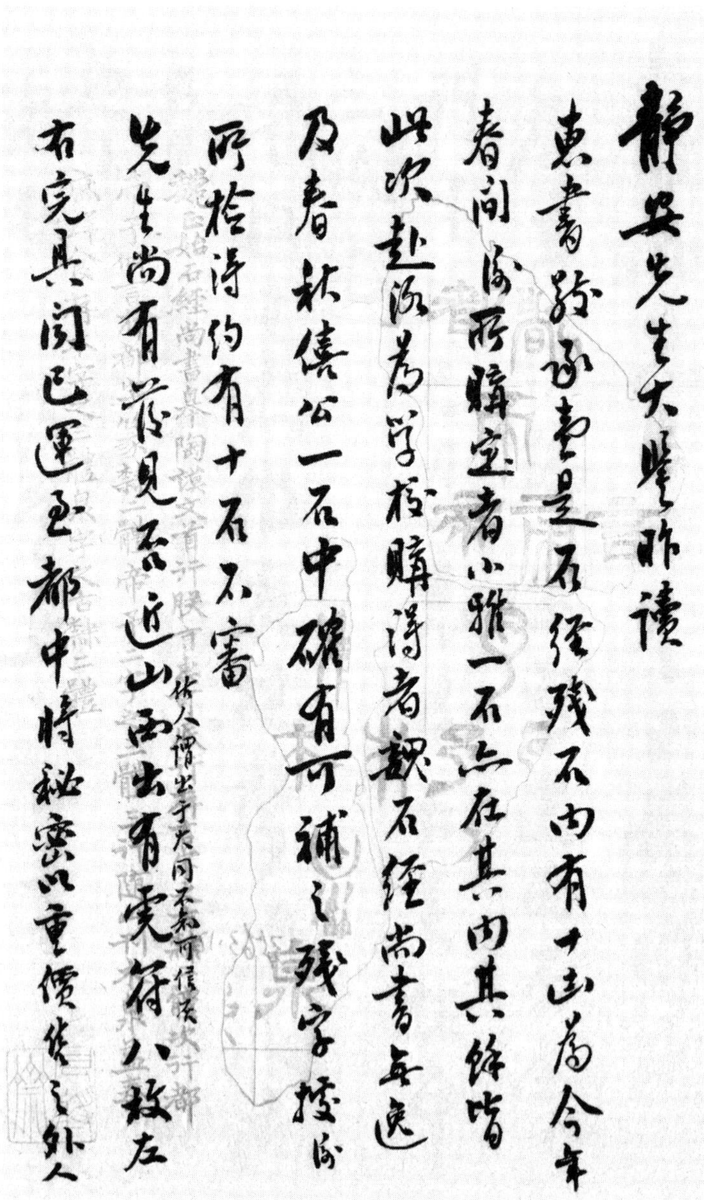
静安先生大鉴：昨读
惠书，敬悉壹是。石经残石内有十字为今年
春间所购，定为小雅一石，亦在其内。其余皆
此次赴洛为学校购得者。魏石经尚书无逸
及春秋僖公一石中确有可补之残字。据
所拓，诗约有十石，不审
先生尚有愿见否？近山西出有虎符八枚（估人谓出于大同，不知可信否），左
右完具，闻已运至都中，时秘密以重价售之外人

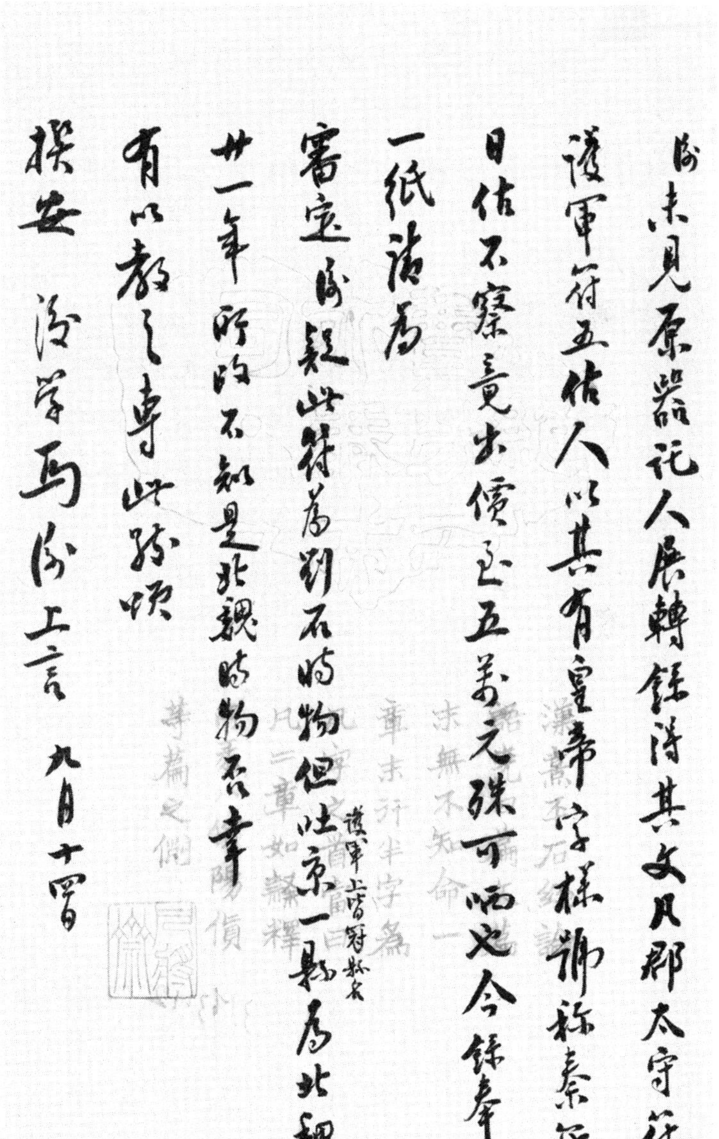
前未見原器託人展轉錄得其文凡郡太守符三
護軍符五件人以其有皇帝字樣都稱秦符
日估不察竟出價至五萬元殊可哂也今錄奉
一紙請為
審定前疑此符為劉石時物但以京一點為北魏（護軍上當有縣名）
廿一年所改不知是北魏時物否幸
有以教之專此敬頌
撰安 後學馬衡上言 九月十四

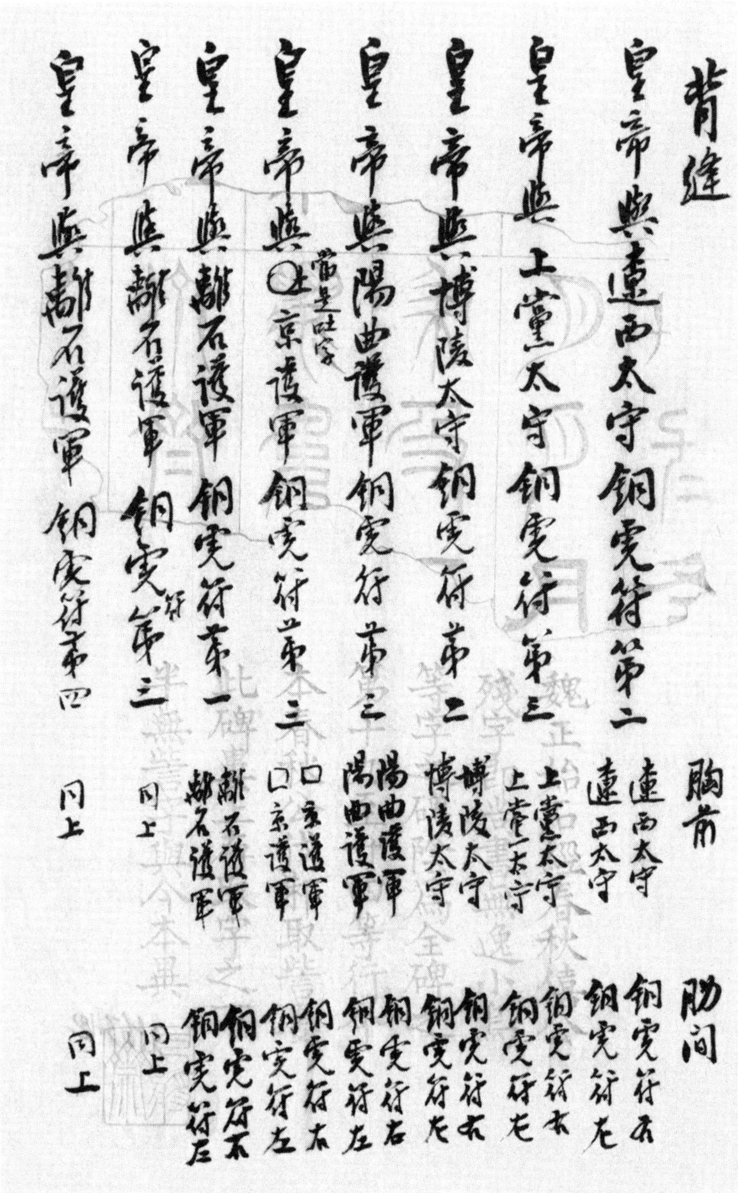

背縫

皇帝與遠西太守銅虎符第二

皇帝與上黨太守銅虎符第三

皇帝與博陵太守銅虎符第二

皇帝與陽曲護軍銅虎符第三

皇帝與吐（當是吐字）京護軍銅虎符第三

皇帝與鄯石護軍銅虎符第一

皇帝與鄯石護軍銅虎符第三

皇帝與鄯石護軍銅虎符第四

胸前

遠西太守　遠西太守

上黨太守　上黨太守

博陵太守　博陵太守

陽曲護軍　陽曲護軍

□京護軍　□京護軍

鄯石護軍　鄯石護軍

同上

同上

脇間

銅虎符右　銅虎符左

銅虎符右　銅虎符左

銅虎符右　銅虎符左

銅虎符右　銅虎符左

銅虎符右　銅虎符左

銅虎符右　銅虎符左

同上

同上

背缝	胸前	肋间
皇帝与辽西太守铜虎符第二	辽西太守	铜虎符右
	辽西太守	铜虎符左
皇帝与上党太守铜虎符第三	上党太守	铜虎符右
	上党太守	铜虎符左
皇帝与博陵太守铜虎符第二	博陵太守	铜虎符右
	博陵太守	铜虎符左
皇帝与阳曲护军铜虎符第三	阳曲护军	铜虎符右
	阳曲护军	铜虎符左
皇帝与〇土（当是吐字）	□京护军	铜虎符右
京护军铜虎符第三	□京护军	铜虎符左
皇帝与离石护军铜虎符第一	离石护军	铜虎符右
	离石护军	铜虎符左
皇帝与离石护军铜虎符第三	同上	同上
皇帝与离石护军铜虎符第四	同上	同上

1925 年 9 月 14 日（农历七月廿七日）

叔平先生有道：

读手书敬悉一切。（此次拓本）魏石经足补《无逸》及《僖公》大石者，以弟所已知者，仅得八凷（块），而“逸先”及“不雨”两石，乃与大石相先后，合之仅得十耳。不知兄所数，除此二石，抑并计之也？乞示。

虎符八种恐是后魏之物，左右二符均在一处，想其入土必在此制既废之后，故并左符亦收入内。估人言出大同，当犹是高祖迁洛时所遗，至孝庄赴晋阳，恐未必携此物耳。惜为估人居奇，并一照相本，亦不可得，幸兄抄得其文，已为幸矣。

夏间无事，作《长春真人西游记注》并《耶律文正年谱》，虽具大略，然尚未能定稿也。专此，敬复，即候

起居不一

弟国维顿首　廿七日夕

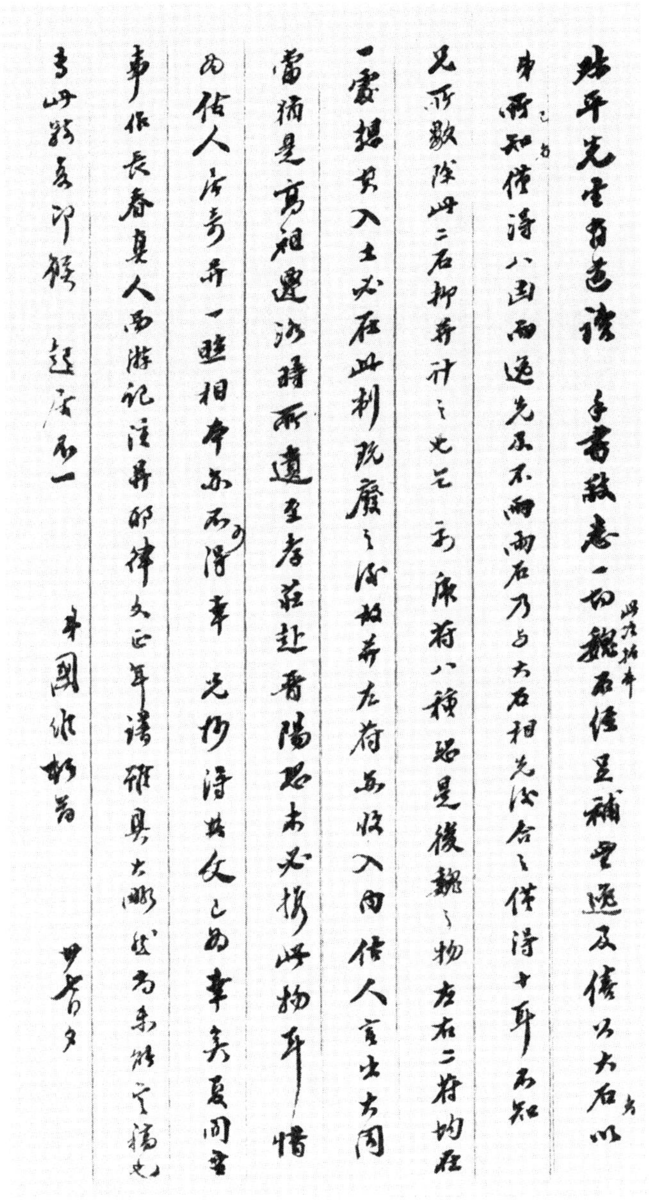

叔平先生有道：手書敬悉。一切魏石經此次拓本呈補甲遍及僅以大石以右
來所知已有僅得八面，而遍先及不兩面石，乃与大石相先後合之僅得十耳。不知
兄所數除此二石抑并計之也。至康將八種碑是後魏之物，左右二行均在
一處，想其入土必在此刹既廢之後，故并左府與收入內，信人言出大同，
當猶是高祖遷洛時所遺，至孝莊赴晉陽時未必攜此物耳。惜
內傳人存者并一鼓相帶，亦不得可事。先抄得其文已為奉上。夏間當
事作長春真人西游記注，并耶律文正年譜，附其大略，欲為未能定稿也。
專此敬復，即頌起居不一。 弟國維頓首 廿七日夕

1925年9月19日（农历八月初二日）

静安先生大鉴：

昨得复书，敬悉。魏石经残字可补《尚书》者二石，《春秋》八石。兹再寄呈一分（份），以备补装大幅。此碑《春秋》一面之下截石之剥落皆成薄片，“河阳”一石、“冬月”一石皆然。“公复”“取如”二石，其情形相同，故敢决其为此碑之残石。先生所谓八凷（块）者，或未数此二石耳。

虎符八种昨已得见，原物确系隶书（形制与“宋高平太守”“凉酒泉太守”二符同而略长，简之制亦同），凿而不错，“京”字上确为“吐”字。询其出土之地，只知为山西，未必即是大同。衡颇疑其为平阳所出。“吐京”即西汉之“土军”，《水经·河水篇》注云“胡汉”，译言音为讹变，则“吐京”之名未必即自魏始。况《魏书·地形志》吐京县凡三，一属汾州吐京郡，一属汾州北吐京郡，一属武州吐京郡。《志》所谓“世祖名岭西，太和廿一年改”吐京者，未必即是汾州吐京郡之县也。此符如果出于平阳，可断定为刘聪时物矣。惜估人展转买得，不能详悉，已托其探访，不知能得切实答复否。闻此八符出土时皆在瓮中，与叔言先生所得之隋符同。假定制而未用，或此制既废之而收回者，则每符有五，皆应同在一处，不应各存一符，而“离石”又独存三也。此疑终不能明，幸先生有此教之。此颂

撰安

后学马衡上言　九月十九日

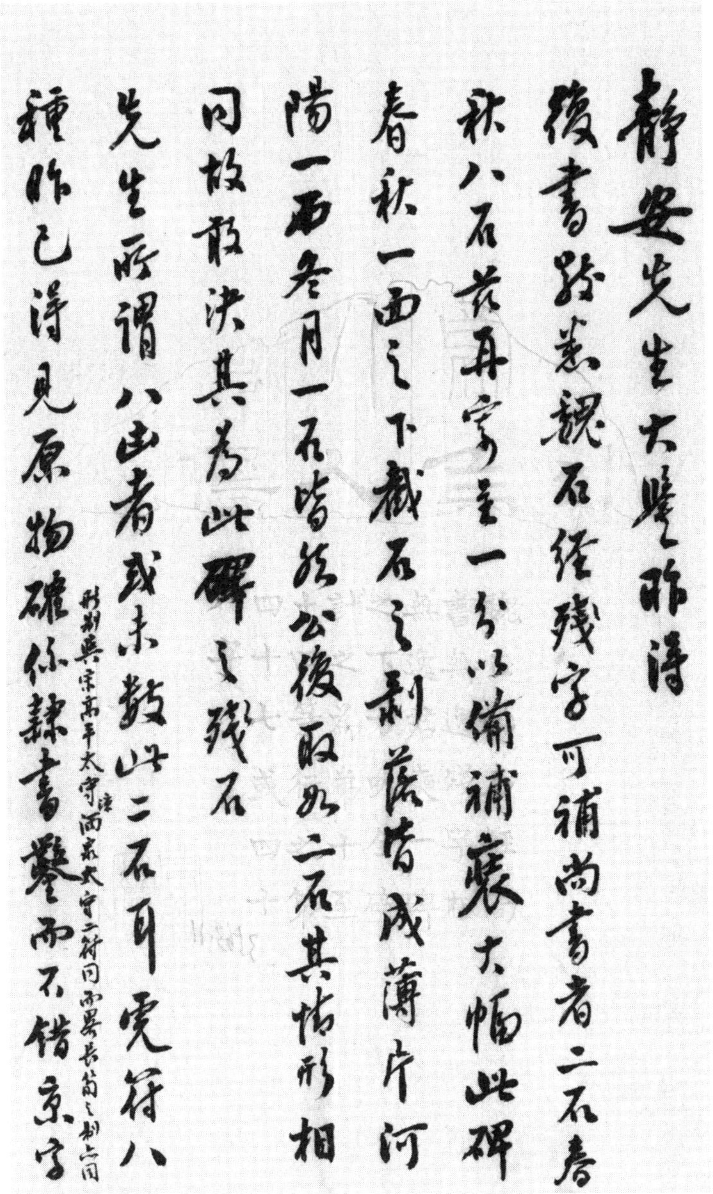
静安先生大鑒：昨得
復書並蒙錄石經殘字可補尚書者二石，春
秋八石，并寄至一分，以備補裱大幅。此碑
春秋一面之下截，石之剝落皆成薄片，河
陽一面冬月一石，皆於公後所見二石，其情形相
同，故敢決其為此碑之殘石。
先生所謂八面者，或未數此二石耳。虎符八
種，昨已得見原物，確係隸書，鑿而不錯金字（形制與宋高平太守、漢兩袁太守二符同而略長，前之制上同）

上碑為吐字詢其出土之地祇知為山西未必
即是大同府頗疑其為平陽所出吐京即西
漢之土軍水經河水篇注云胡漢譯言音為
訛變則吐軍（京）之名未必即自魏始觀魏書地
形志吐京縣凡三一屬汾州吐京郡一屬汾
州北吐京郡一屬武州吐京郡志所謂世祖名
嶺西太和廿一年改吐京者未必即是汾州吐
京郡之縣也此符如果出於平陽可斷定為

劉聰時物矣惜估人展轉買得不能詳
悉已託其探訪不知能得切實答復否向
此八符出土時皆在甕中與叔言先生所得
之階符同係完整未用則每符有五皆應
或此甕藏廢之而收回者
同在一處不應各存一符而離石又獨存三也此
疑終不能明幸
先生有以教之此頌
撰安 後學馬衡上言 九月十九日

1925年9月21日（农历八月初四日）

手教敬悉。《魏石经未剖前拓本》二幅收到，题识不难于长而难于短，恐污装轴，如何，如何？弟之《魏石经》仍拟稍缓付装。如兄便遇富华时，请言及，则弟随时可交付也。专复，

即候

叔平先生起居

弟维顿首　初四日

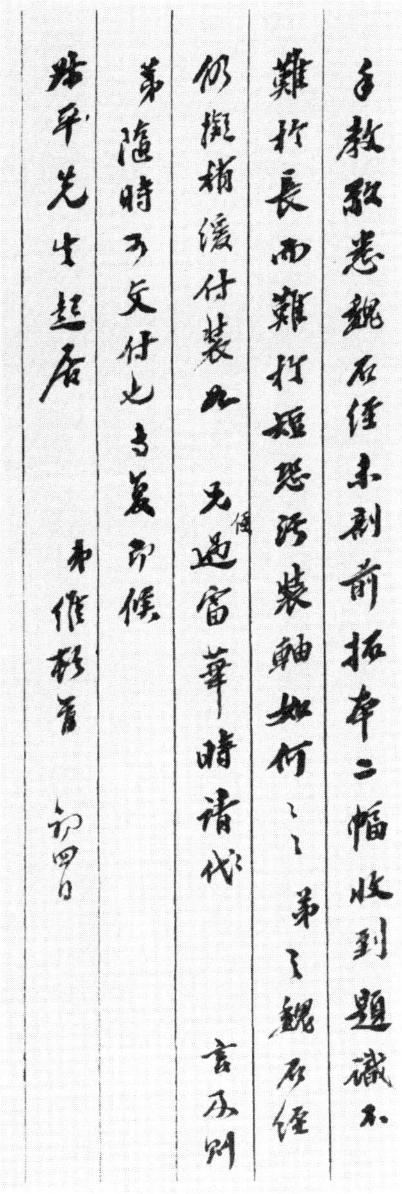
手教敬悉魏石經未刻前拓本二幅收到題識不
難於長而難於短恐污裝軸如何〻〻弟〻魏石經
仍擬稍緩付裝也　兄便過富華時請代〻言及則
弟隨時可交付也專復即候
瑞平先生起居　弟惟彬首　初四日

1925年9月22日（农历八月初五日）

叔平先生左右：

前日接手教，并石经《尚书》《春秋》残石十种，至谢！至谢！弟前所未数者，即“公复”“取如”二石也。

虎符时代别无标准可以定夺，只可由出土之地定之。若出大同，当是后魏物；若出平阳，当是刘聪物耳。中州之行想须展缓？何日章寄来新郑大鼎新剔出之字，共五行，每行中可识者不过一二字，其文乃类徐器，不可解也。兄已见之否？

今年夏间为《长春真人西游记》作注，又作《耶律文正年谱》，均未定稿。元史素未留意，乃作小学生一次，亦有味也。专复，即请

秋安不一

弟国维再拜　初五日

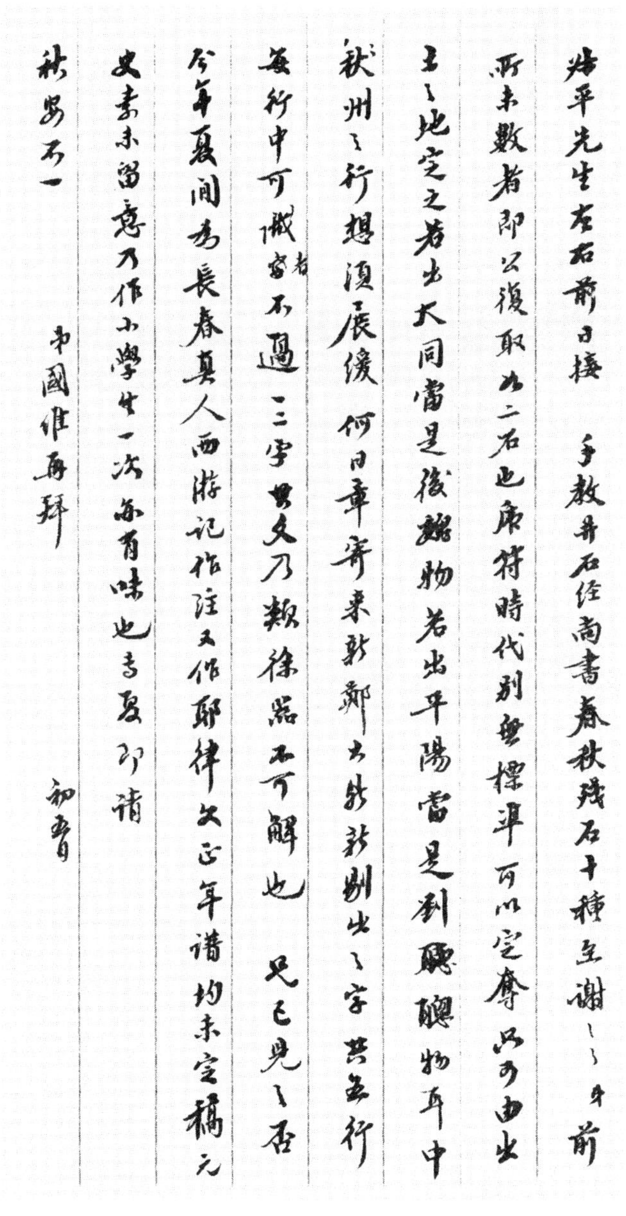

叔平先生左右：前日接手教并石經尚書、春秋殘石十種，至謝至謝。中前所未覩者，即公復取出之二石也。唐符時代別無標準可以定奪，以弟由出土之地定之，若出大同，當是後魏物；若出平陽，當是劉聰、劉曜物耳。中秋之行想須展緩，何日車駕來？新鄭出土新剔出之字共五行，每行中可識者不過三字，其文乃類徐器，不可解也。兄已見之否？今年夏間為長春真人西遊記作注，又作耶律文正年譜，均未定稿。元史素未留意，乃作小學生一次，亦有味也。專覆，即請秋安，不一。

弟國維再拜 初五

1925年9月24日（农历八月初七日）

叔平先生有道：

昨复一书，想达左右。今日复将尊赐《石经拓本》细将检核，知可补大石之十片，弟与兄所计各异。弟所计者，《尚书》尚有二片，一为《君奭》第五、六两行之“惟”（惟人）、“家”（在家不知）二字；一为第末二行之“若”（若卜筮）、“殷嗣”（有殷嗣天灭畏）三字（此三字正在大石与丁氏小石之间）。而《春秋》中，兄重寄之“[illegible]”“晋”二字，弟不能发见其所在，“[illegible]”字兄意系何字之半，请示为感。

上月于尊古①见一已折句兵②，上有“且乙”“且己”“且丁”三名，与“且、父、兄”三戈同（形制亦同），云自陕西来，真不可解也。专此，即问

起居不一

弟维顿首　初七日

---

① 尊古：即北京琉璃厂尊古斋古玩店。

② 句兵：兵器，戈戟之属。

叔平先生有道：昨復一書，想達左右。今日復將尊賜石經拓本細將檢核，知可補大石之十片，弟與兄所計各異。弟所計若尚書尚有二片，一爲君奭第五六兩行之惟（惟人）家（又在家不知）二字，一爲第末二行之若■（若卜筮）服嗣（有服嗣天滅畏）三字（此三字正在大石與丁氏小石之間）。而春秋中兄重寄之氏胥二字，弟不能發見其所在。氏字兄意係何字之半？請示爲感。前於尊古見一已折句兵（上有且乙且己且丁三名），與且又兄三戈（形製亦同）同，云自陝西來，真不可解也。專此即問起居不一。

弟維頓首

初七日

1925年9月27日（农历八月初十日）

静安先生大鉴：

昨得手书，敬悉一一。“若、殷嗣”三字确为《尚书·君奭》之文，而“惟、家”二字未敢确定。隶书之“”虽似“家”字之残画，而篆书无引笔，不似“家”字。盖《君奭》第十二行“家”字与第十三行“惟”字并列，篆书之引笔其长相等也。“”“晋”二字乃《春秋》第十五行“如京师”之“如”，及十六行“如晋”之“晋”也。

尊古残兵，衡亦见之，但出土之地不云陕西，衡问以是否易县所出，彼亦漫应之，可知其非肯定之辞。京估买物往往随口答应，殊不敢信。专此，敬颂

撰安

后学马衡上言　九月廿七日

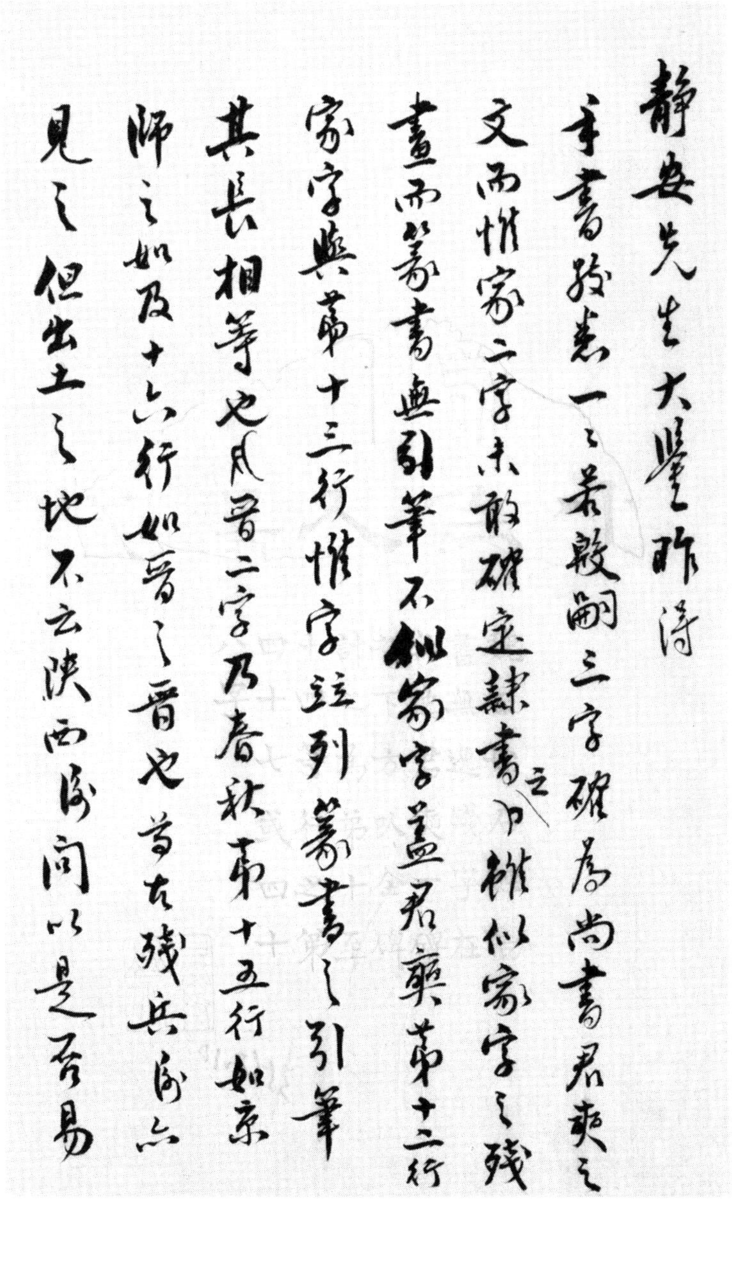

静安先生大鉴：昨得
手书，发悉一一。蒙殷嗣三字碑为尚书君奭之
文，而惟篆二字未敢确定，隶书之下似篆字之残
画，而篆书无引笔，不似篆字。盖君奭第十二行
篆字与第十三行惟字并列，篆书之引笔
其长相等也。凡晋二字乃春秋第十五行如京
师之如及十六行如晋之晋也，当在残兵后亦
见之。但出土之地不云陕西，后问以是否易

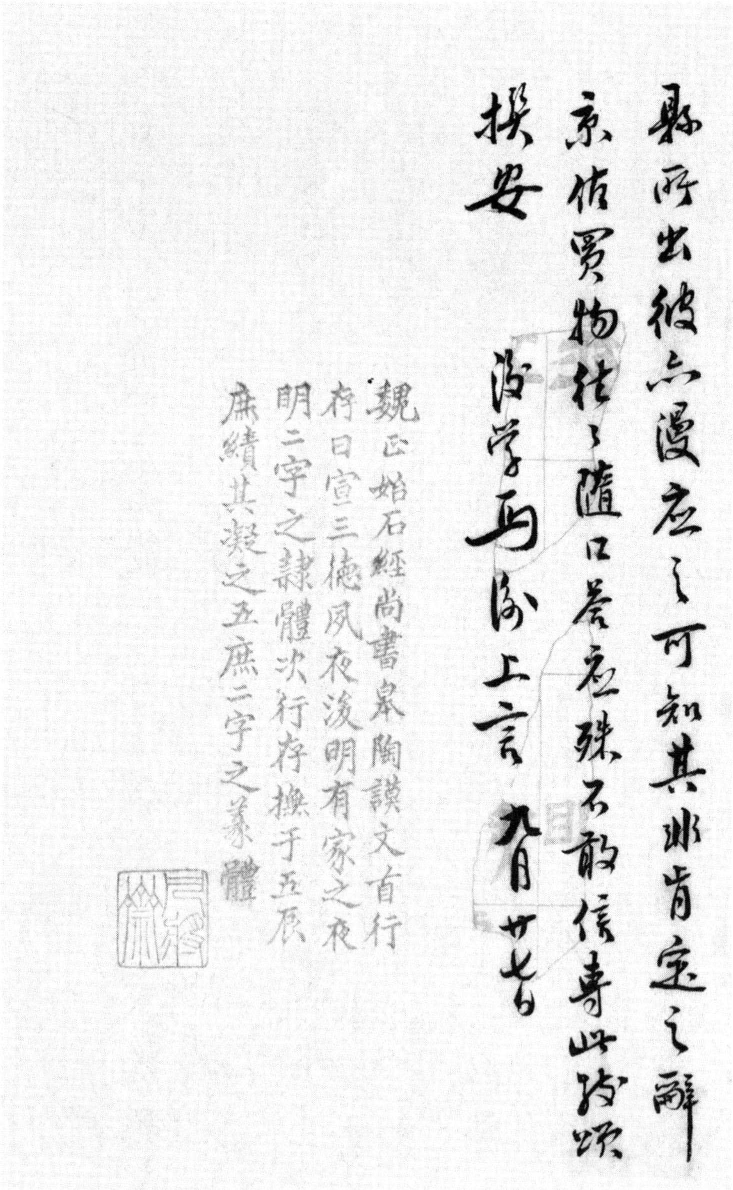
縣所出彼亦漫應之可知其非肯定之辭
京估買物往往隨口荅應殊不敢信專此敬頌
撰安
後學馬衡上言 九月廿七日

魏正始石經尚書臯陶謨文首行存日宣三德夙夜浚明有家之夜明二字之隸體次行存撫于五辰庶績其凝之五庶二字之篆體

1925年11月2日（农历九月十六日）

静安先生大鉴：

久疏音问，惟兴居胜常为颂！衡前趋朝鲜参观发掘古冢，见漆器甚夥（伙），多为西汉年号。闻博物馆主任藤田君言，漆器照片曾由内藤君寄赠，先生想已早邀鉴及，暇当趋前聆教。如台从有入城时，千祈先示住址为盼。又朝鲜京城大学校长、前博物馆主任小田省吾君言，今春曾有朝鲜总督府古迹调查报告数册赠北大研究所，寄由先生转交，不知先生收到此项报告否？乞示知，为感。此颂

著安

后学马衡上言　十一月二日

靜安先生大鑒：久疏音問，悵
興居勝常為頌。前趨朝鮮參觀發掘古
冢，見漆器甚夥，多為西漢年號。聞博物館主
任藤田君言，漆器照片曾由內藤君寄贈
先生，想已早邀
鑒及。暇當趨前聆
教。如
台從有入城時，千祈

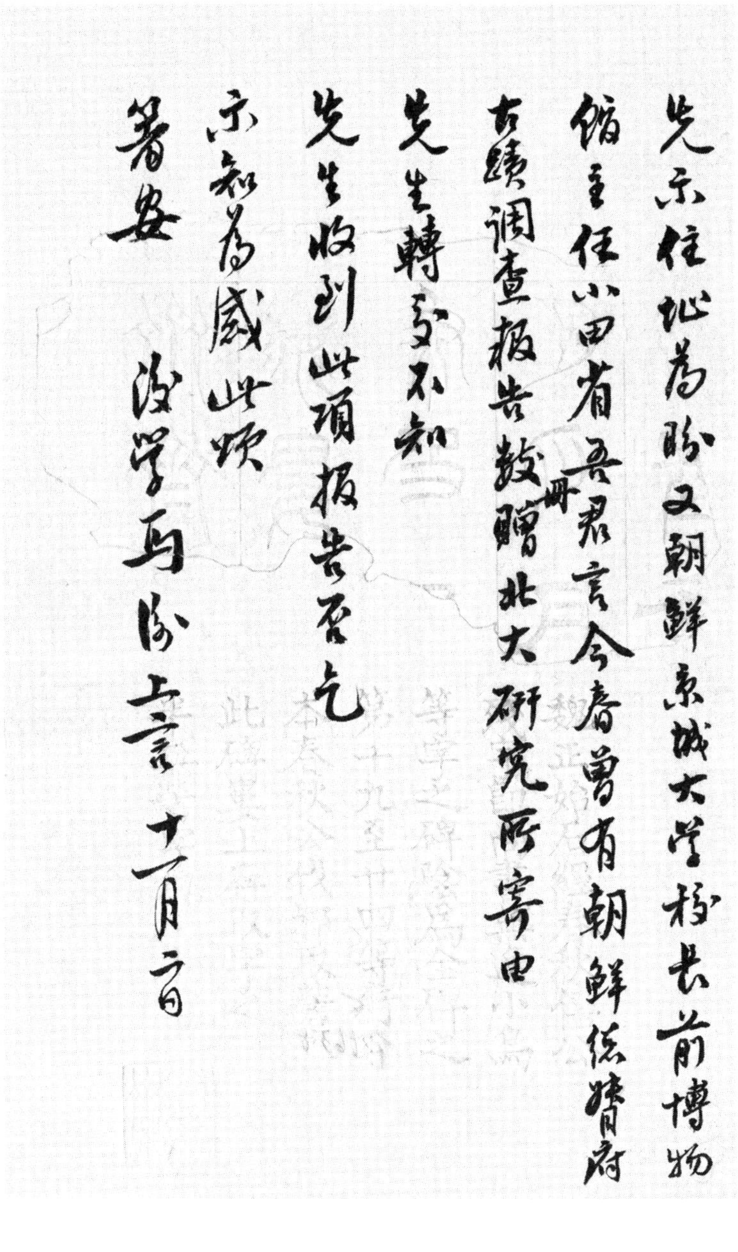

先示住址為盼。又朝鮮京城大學校長前博物館主任小田省吾君言今春曾有朝鮮總督府古蹟調查報告數冊贈北大研究所，寄由先生轉交，不知先生收到此項報告否？乞示知為感。此頌
著安
後學馬衡上言 十一月二日

1925年11月3日（农历九月十七日）

叔平先生台鉴：

奉手教，忻若晤对，并审壮游三韩，甚为羡叹。漆器照片弟未之见，彼处由内藤君转寄，则必付诸浮沉矣。（内藤君性疏懒甚，永不肯作书。）其春间《总督府古迹调查报告》，弟亦仅在津见之。（《金冠冢报告》甚有用。）其中颇称引弟说，想必有赠弟之本，而竟未见（寄赠北大者亦未到）。不知是否亦托内藤转寄。兄到后，于小田君处，想当有谢函，可一问之。

弟自郊居后，进城极希（稀），进城时亦即以当日往返，故从未有住城之事。下次进城当专奉访长谈，但必先期奉闻也。森玉何时可归？俟其归后一叙谈如何？专此，敬候

起居不一

弟维顿首　十七日

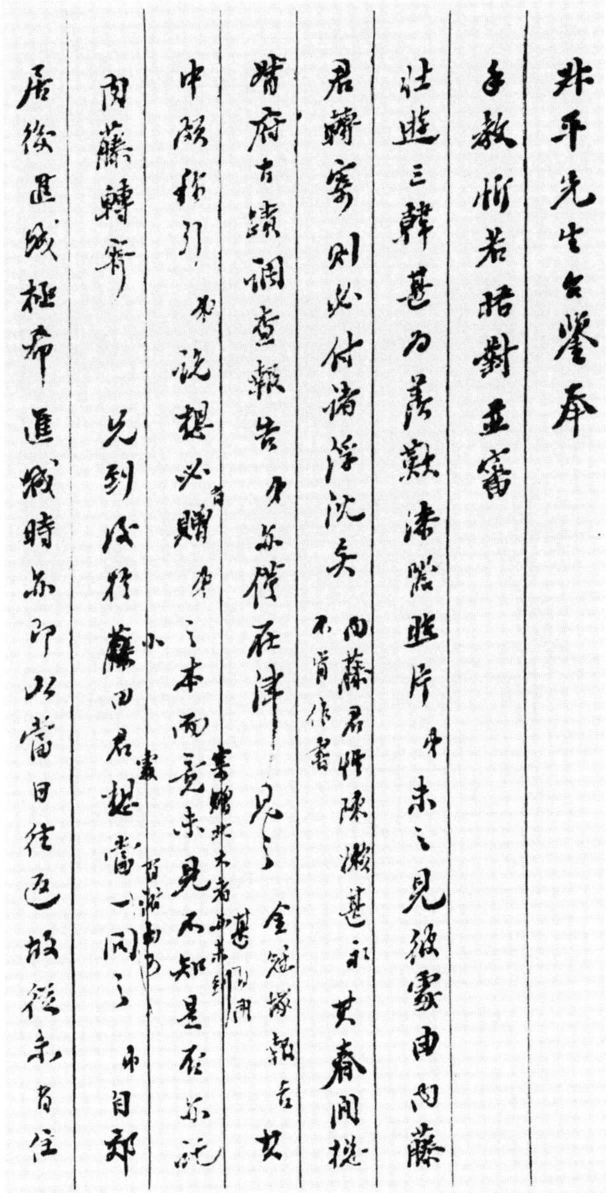

北平先生台鑒：奉
手教，惓惓若接對，並審
壯遊三韓，甚為羨歎。渉覽照片，弟未之見，彼處由內藤
君寄，則必付諸浮沉矣。內藤君性疏懶，甚於不肖，作書甚少。去春間總
督府古蹟調查報告，弟亦得在津見之。金冠塚報告其
中頗指引。弟說想必贈台弟之本，而竟未見，不知是否亦託寄贈北大者，弟未得見，甚閒用
內藤轉寄。兄到後得藤田君，想當一聞之。小畫留作一函。弟自鄭
居後進城，極希進城時亦即以當日往返，故復來有任

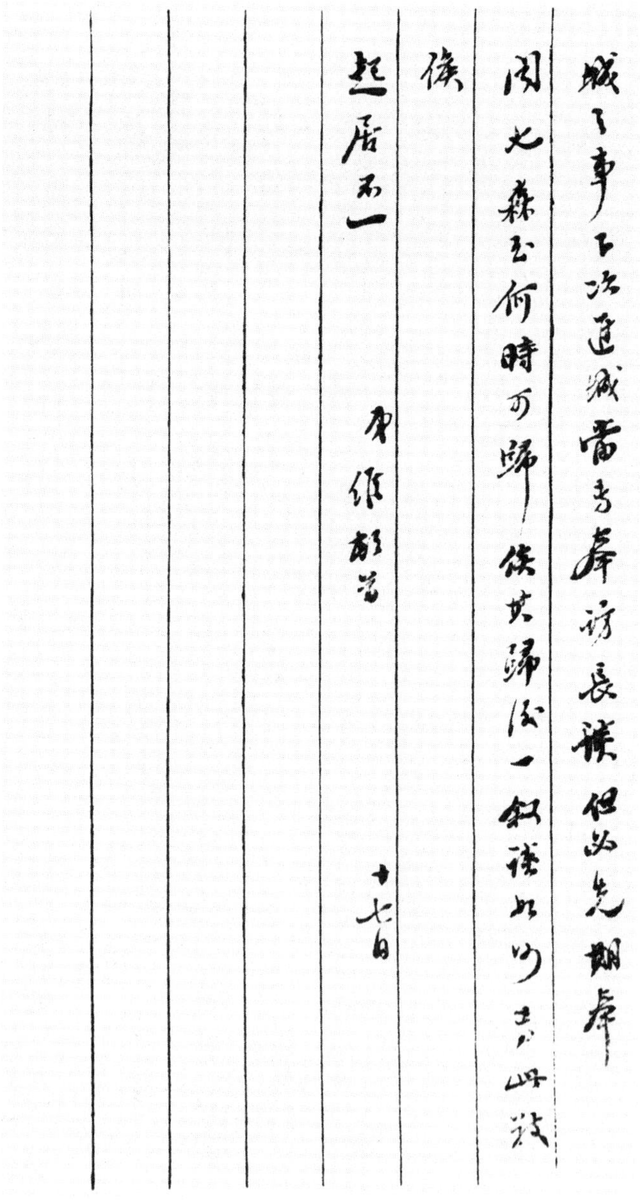
職了事了，下次進城當再奉訪長談，但必先期奉

聞。大森云何時可歸？俟其歸後一叙。諸好均此致

候

起居不一 國維頓首 十七日

1926年7月18日（农历丙寅年六月初九日）

叔平先生有道：

昨承远道枉顾，畅谈半日，深慰积怀。允赐仿制铜斛尺，请于阴历十七日（阳历廿六）晨，（于前一日送往亦佳）饬人送至东四头条五号燕京华文学校冯友兰先生交弟收，缘弟是日九时、十时间在该校讲演，题目即为“中国历代之尺度”也。是日，本拟在城小有勾留，缘该校有车接送，故不能相晤谈矣。

铜斛及诸尺标本，乞饬工代制一分（份），需先付款若干，请见告。费神感荷。专此，敬颂

起居

弟维顿首　初九日

【按】王国维于1926年7月26日在燕京华文学校作《中国历代之尺度》讲演。

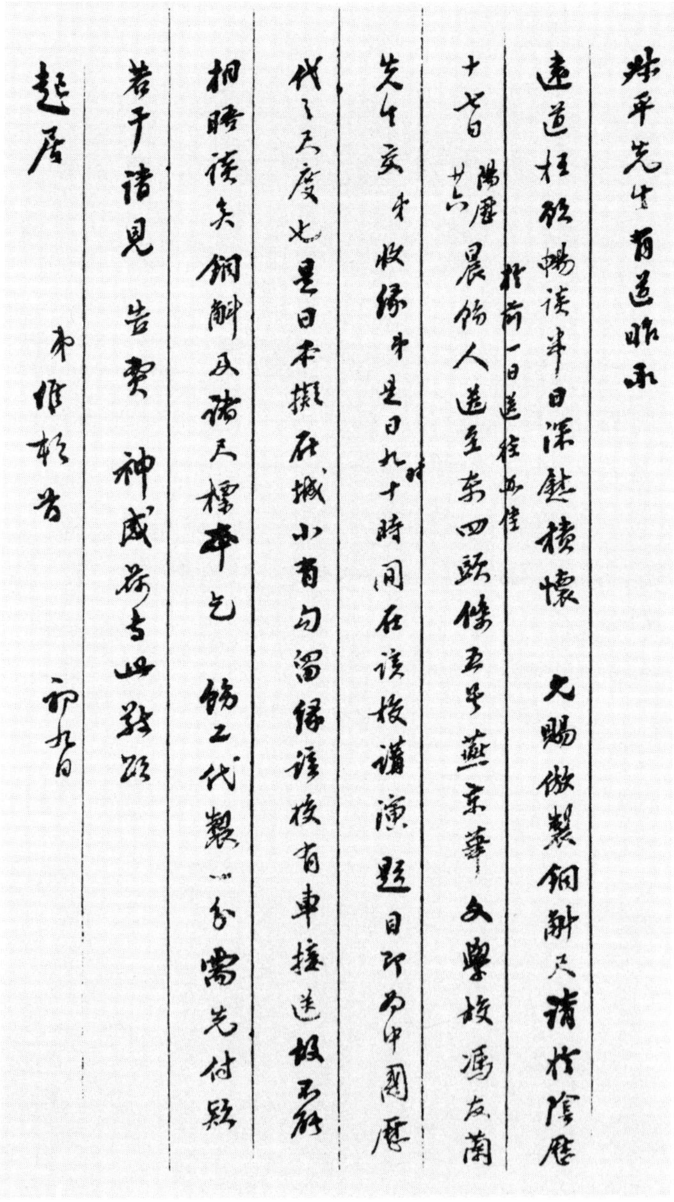

叔平先生有道：昨承
遠道枉駕，暢談半日，深慰積懷。又賜倣製銅斛尺，請於陰曆
十七日（陽曆廿六）晨飭人送至東四牌樓五號燕京華文學校馮友蘭（或前一日送往亦佳）
先生處求收。緣弟是日九十時間在該校講演，題目即為中國歷
代之尺度也。是日本擬在城小有勾留，緣該校有車接送，故不能
相晤，悵矣。銅斛及諸尺標本乞飭工代製一分，需先付款
若干，請見告。費神感荷。專此，敬請
起居
弟維頓首　初九日

1926年7月21日（农历六月十二日）

静安先生大鉴：

昨得惠书，敬承一是。仿制铜斛尺，当于廿六晨九时前携至该校。惟是否允许校外人听讲，抑另有入场券（届时径访冯君要求听讲，谅无不可），请示知。铜斛标本，已饬工仿制。诸尺尚无办法。研究院章程，务祈见赐一分（份）为感。此颂

著安

后学马衡上言　七月廿一日

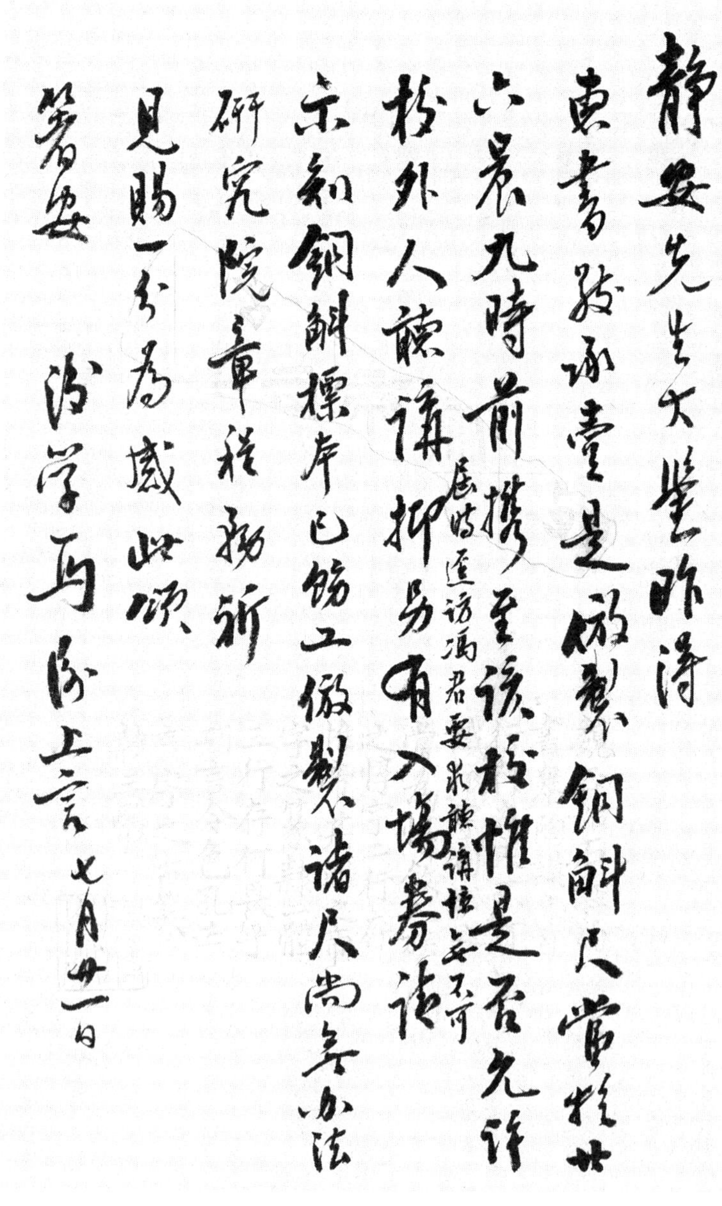

靜安先生大鑒：昨得
惠書，敬承壹是。成製銅斛尺當於廿
六晨九時前攜至該校，惟是否允許
校外人聽講，抑另有入場券，請
屆時逕訪馮君要求聽講，諒無不可
示知。銅斛標本已飭工仿製，諸尺尚無辦法。
研究院章程懇祈
見賜一分為感。此頌
著安　衡上言　七月廿一日

1926年7月21日（农历六月十二日）

叔平先生有道：

顷接手书，敬悉一切。此次讲演本无新得，只以此题翻译颇易，因其简单，故因讲此。（因听者系西人为多，而此等人又皆不知中国学问故也。）新得材料惟蒋氏唐尺与袁氏嘉靖牙尺（此日拟往借之）。至说尺度增长之原因，弟前亦已说过，不足以辱玉趾也。惟兄此日如来，则拟将袁氏牙尺交兄，可以一拓（弟需三纸），并可精量尺寸（以便他日仿制）。拓毕即由兄径还袁珏生兄，以了此一段因缘。（弟所以选此题者，亦欲因此以努力借此尺也。）元尺盖已不可得，明尺虽有宝钞，究未见实物，袁氏尺不问其是否官尺，总是一好史料也。（研究院章程当即索寄。）专此，敬请

撰安

弟维顿首　十二日

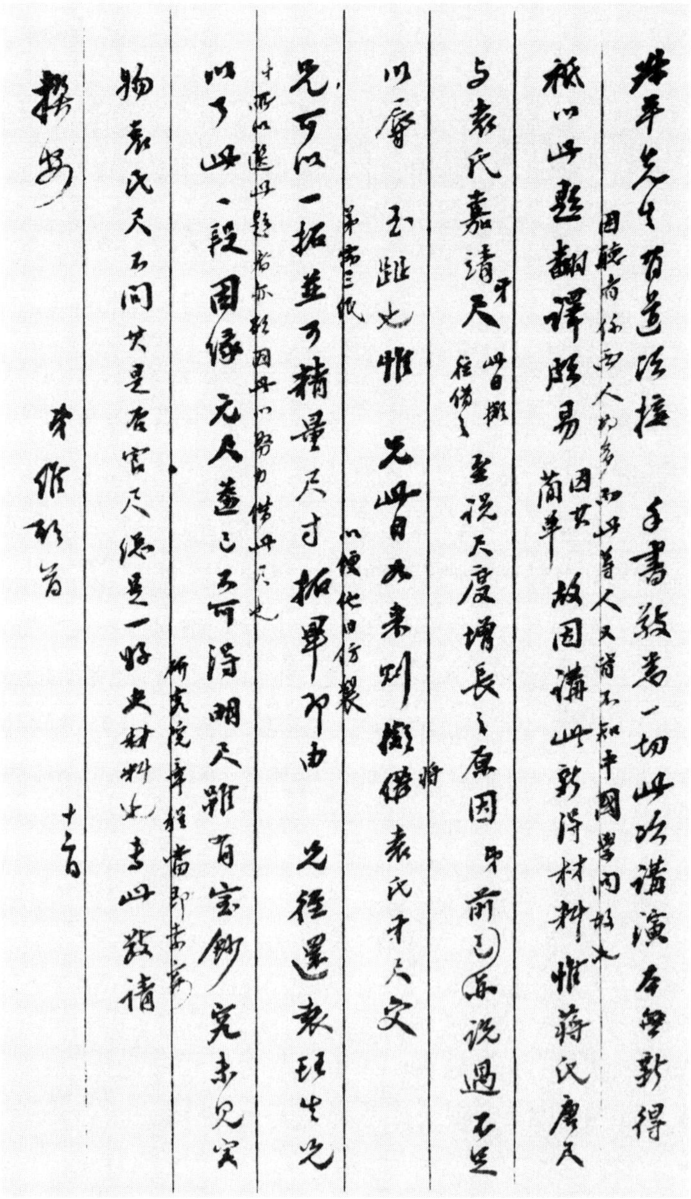
叔平先生有道：昨接 手書，敬悉一切。此次講演本無新得，祇以此題翻譯頗易（因其簡單）（因聽者係西人，亦多知此等人，又皆不知中國學問故也），故用講此新得材料，惟蔣氏唐尺與袁氏嘉靖牙尺（此日擬往借之）並說尺度增長之原因，弟前已屢說過，不足以辱 玉趾也。惟 兄此日如來，則擬將袁氏牙尺交 兄，可以一拓（弟需三紙），並可精量尺寸（以便他日仿製），拓畢即由 兄徑還袁君也。（十年前作此題者亦極困難，因無力借此尺也）以了此一段因緣。元尺蓋已不可得，明尺雖有寶鈔，究未見實物。袁氏尺不問其是否官尺，總是一好史材料也。（研究院章程當即寄上）專此，敬請
撰安
弟維頓首 十一日

1926年8月1日（农历六月廿三日）

静安先生大鉴：

日前晤教甚快，归途曾遇雨否？念念。明牙尺已还袁君，兹呈拓本三纸，乞察收。

日来彻夜炮声扰人清梦，尊处空旷，必更较清切也。专此，敬颂

著安

后学马衡上言　八月一日

【按】7月26日，马衡冒雨前往东四头条五号燕京华文学校，聆听了王国维《中国历代之尺度》的讲演，故有“日前晤教甚快，归途曾遇雨否？”之说。

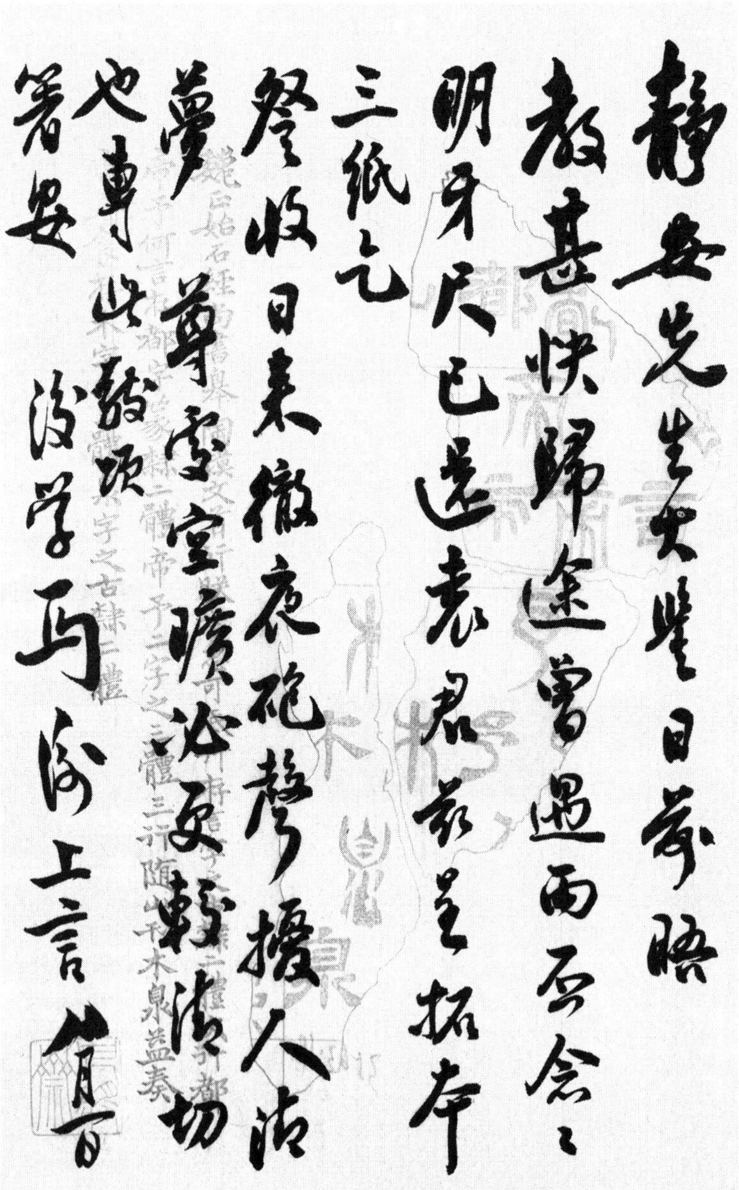

静安先生史席：日前奉晤教，甚快。歸途曾遇雨否？念念。明牙尺已送堯君。茲呈拓本三紙，乞察收。日來徹夜砲聲擾人清夢，尊處空曠，必更較清切也。專此，敬頌著安。

後學馬衡上言　八月一日

1926年8月10日（农历七月初三日）

叔平先生有道：

前日奉书，并嘉靖牙尺拓本三，敬谢，敬谢！在《图书季刊》[①]中得读大著《书籍制度考》，甚佩，甚佩！弟尚见敦煌所出唐末人写经，有线装叶子本，与西洋书装订式相同，其法先钉（订）后写，苟装线脱去，则书之次序全不可寻。《墨庄漫录》所记“缝缋法”，即谓此种装钉（订），非后来之线装书也。此段可以补入大著，敬以奉阅。专肃，敬候

起居不一

弟维顿首　初三日

---

① 《图书季刊》：即中华图书馆协会会刊《图书馆学季刊》，1926年3月发行第一卷第一期。

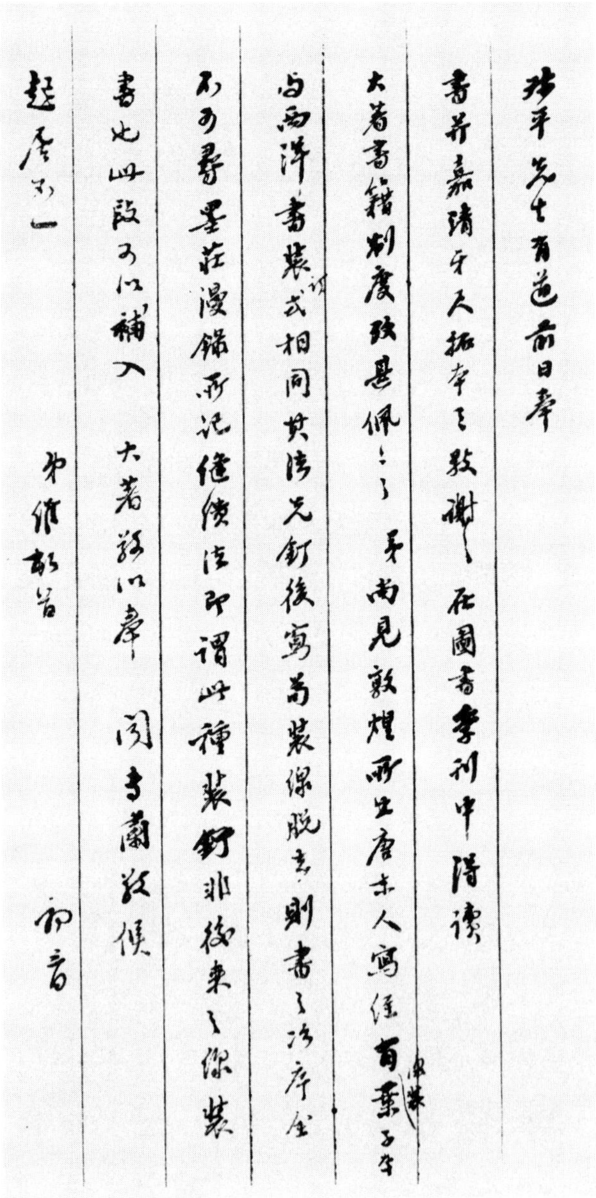
叔平先生有道：前日奉
書並嘉靖本大拓本之數，謝謝。在圖書季刊中得讀
大著書籍制度考，甚佩甚佩。弟尚見敦煌所出唐末人寫經有葉子本
與西洋書裝訂式相同，其法先訂後寫，蓋裝線脫去，則書之次序全
不可尋。墨莊漫錄所記縫繢法即謂此種裝訂，非後來之線裝
書也。此段可以補入 大著，敬以奉 聞，并此致候
起居不一 弟維頓首 初三

1926年8月20日（农历七月十三日）

静安先生大鉴：

日前得手书，承示《墨庄漫录》所记“缝缋法”，岁久断绝，即难次序。其法为先钉（订）后写，与后来之线装书不同。嘱为补入拙著，至感至佩！拙著中尚有应行修改者否？并乞赐教为幸。

尊著《观堂集林》尚有存书否？顷有友人觅购，请寄二部并示价目，当代为收取也。费神容谢！敬颂

著安

后学马衡上言　八月廿日

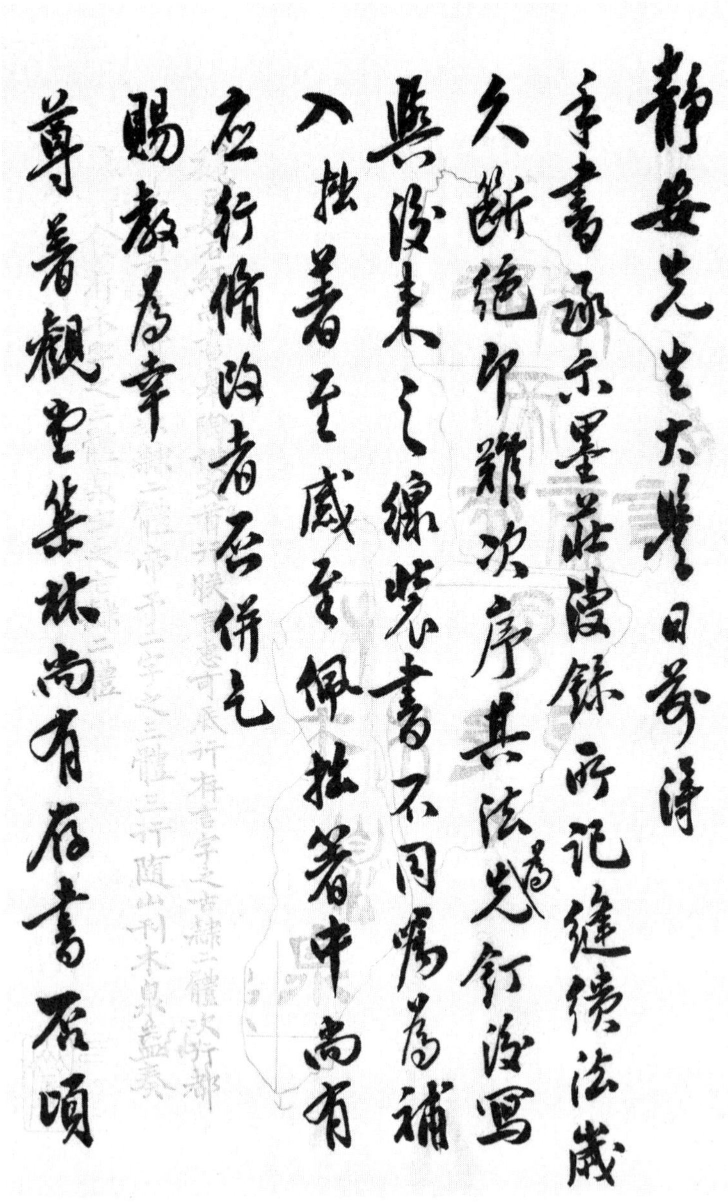
靜安先生大鑒：日前得
手書，承示《墨莊漫錄》所記縫繢法，歲
久斷絕，印縫次序，其法~~先~~為釘後寫，
與後來之縫績書不同，竊為補
入拙著，至感至佩。拙著中尚有
應行修改者，容俟它
賜教為幸。
尊著《觀堂集林》尚有存書否？頃

有友人覓購諸家二部並
示價目當代為收取之
費神容謝此頌
著安 後學馬衡上言 八月廿日

漢熹平石經儀禮鄉
飲酒禮文背面存西
階二字之半次行存如
賓禮三字三行存眾
賓二字眾賤字當
是降字四行存如賓
二字

1926年8月22日（农历七月十五日）

叔平先生有道：

顷奉手书，敬悉一切。尊著甚该备，除《墨庄漫录》一条外，绝无可以相补益者。

今日偶翻《三字石经》拓本，见有“飨或作其”四字，乃《无逸》“肆中宗之享国”及“作其即位”之文，又见“逸”“厥”二字，乃“生则逸”及“自是厥后”之文，此二石不知兄已查出否？敬以奉闻。

拙著《观堂集林》此间已无存书，富晋书社闻亦仅存白纸数字。前曾函孟蘋寄京，至今未到，当缘其处境不顺，故无心及此耳。专此奉复，敬候

起居

弟维顿首　十五日

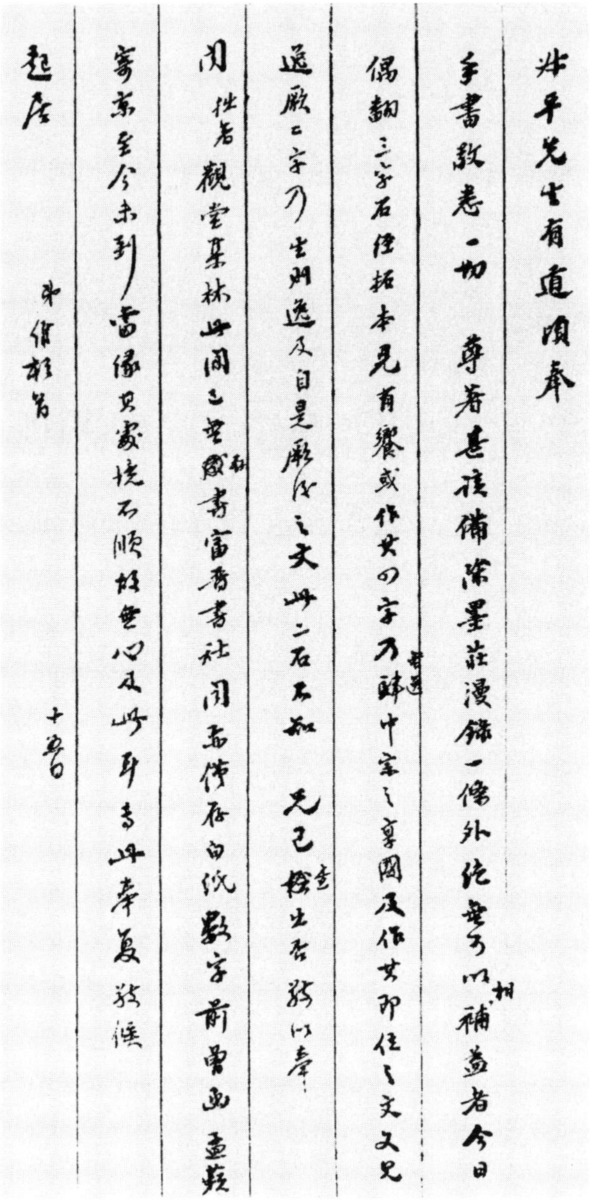

叔平先生有道：頃奉
手書，敬悉一切。尊著甚詳備，除墨莊漫錄一條外，絕無可以補益者。今日
偶翻三字石經拓本，見有饗或作其四字，乃無逸肆中宗之享國及作其即位之文；又見
逸厥二字，乃生則逸及自是厥後之文。此二石不知
兄已查檢出否，茲以奉
閱。拙著觀堂集林此間已無藏書，富晉書社聞尚儲存白紙數部，前曾函孟蘋
寄京，至今未到，當緣其處境不順，故無心及此耳。專此奉復，敬候
起居。
弟維頓首
十五日

1926年8月26日（农历七月十九日）

静安先生大鉴：

昨奉惠书，敬承一是。《无逸》两石确未查出，承示至当。尚有一石“不我邮□”四字相并，不知究系何经，敬祈指示为祷。

仿造新量已成，乞派妥人来取。发单一纸奉呈。此颂

著安

后学马衡上言　八月廿六日

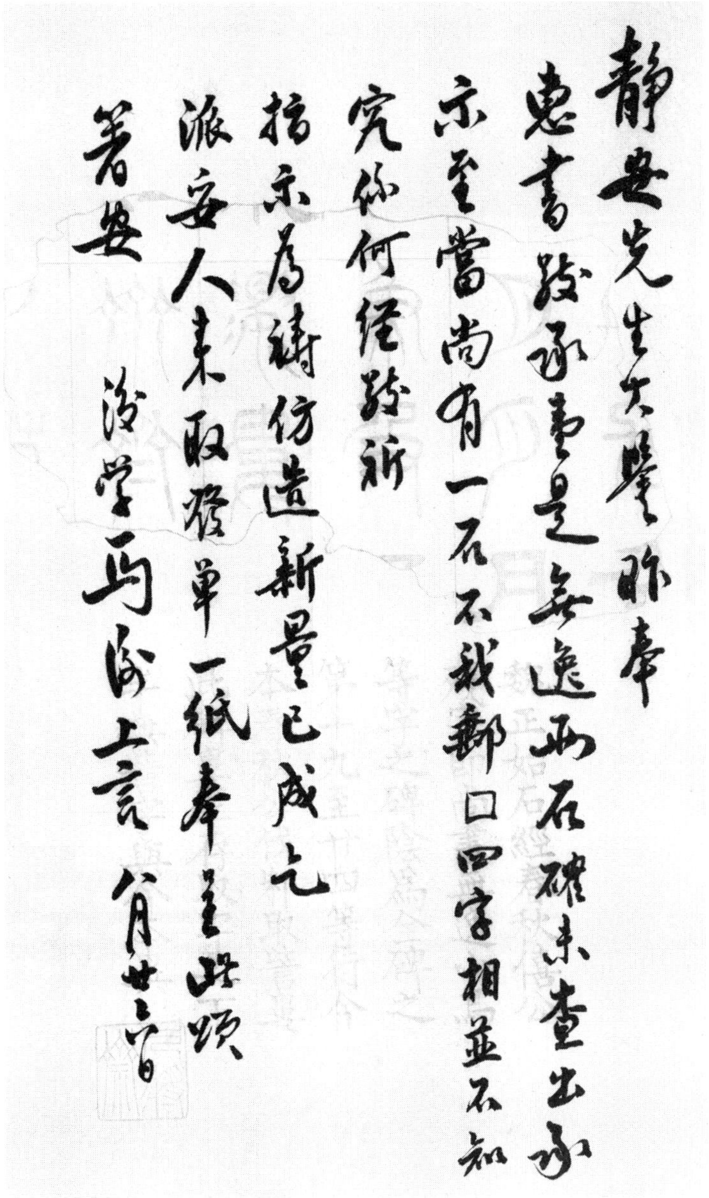
靜安先生大鑒：昨奉
惠書，敬承壹是。無逸兩石確未查出，承
示至當。尚有一石不載鄭口四字，相並不知
究係何經，敬祈
指示為禱。仿造新量已成，乞
派妥人來取，發單一紙奉呈。此頌
著安。
後學馬衡上言 八月廿二日

1926年9月7日（农历八月初一日）

叔平先生台鉴：

顷接手书，敬悉一切。仿制嘉量告成，费神至感。今遣人至尊处，祈交来人，其价十八元附上，乞检收转付为荷。“不我邮□”一石尚未检得，“不我”二字绝非《春秋》，而《尚书》又无“邮”字，而“尤”字亦不多，容再思之。专肃，即问

起居不一

拙撰《元代史料校注》四册已印成，附呈教正，乞察收为幸。

弟维顿首

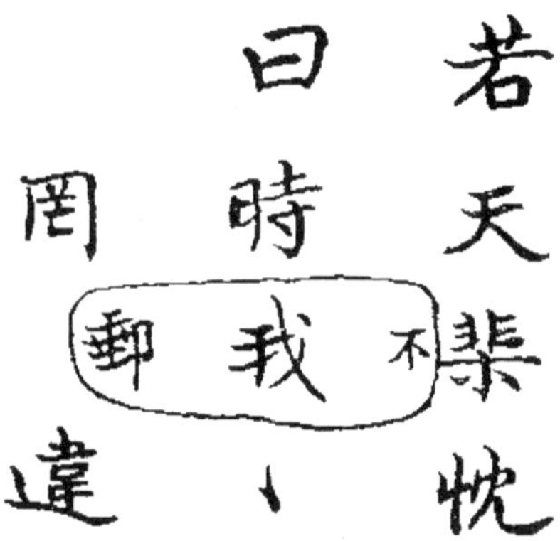

“不我邮□”，第四字是否“光”字？请细审之。若是“光”字，则此石为《君奭》无疑。细思此石，或系《君奭》，“尤”之为“邮”，固无不可。然“棐”之为“不”，实为巨异，自王怀祖、孙仲颂以前，绝无以“棐”训“匪”者。若古文原作“不”，则“马、郑伪孔”[①]必已如王、孙二氏训“棐”为“匪”矣，此甚不可解也。

国维又申

① “马、郑伪孔”：指东汉马（融）、郑（玄）所云，《书序》孔子所作。

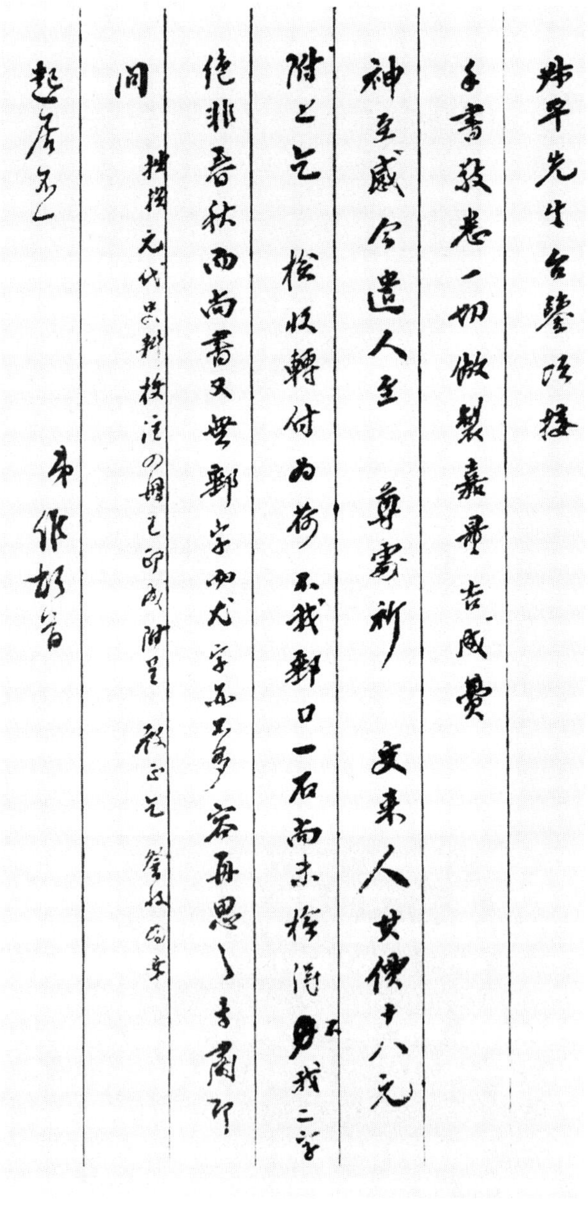
叔平先生台鑒：昨接
手書，敬悉一切。仿製嘉量告成，費
神至感。今遣人至尊處，祈交來人，其價十八元
附上，乞檢收轉付為荷。不我鄭□一石尚未檢得，不我二字
絕非晉秋，而尚書又無鄭字，如尤字亦不多，容再思之。專肅，即
問
拙撰元代史料校注四冊已印成，附呈，敬乞 詧收為安
起居不一
弟維頓首

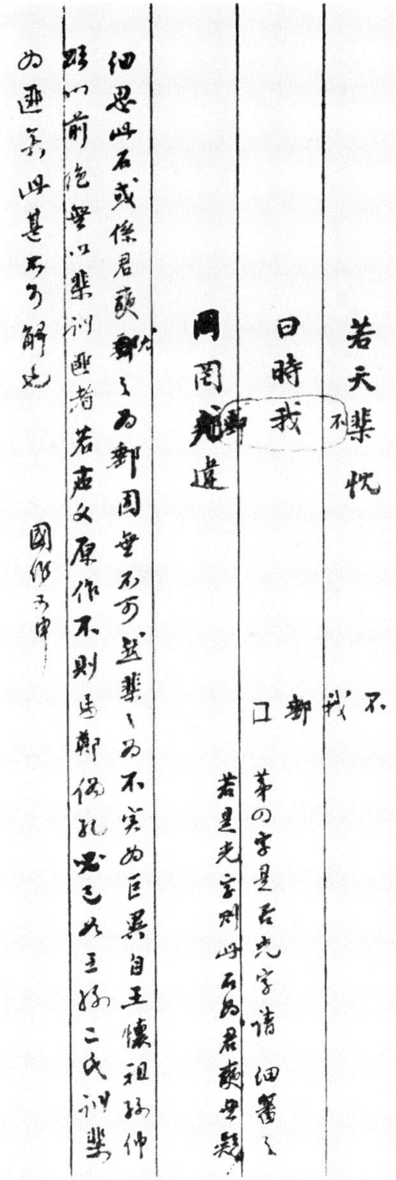
若天不棐忱

曰時我鄭

罔閔尤違

不我鄭口

華の字是否光字請細審之

若是光字則此不為君奭要疑

細思此石或係君奭鄭之為鄭罔要不可哉棐之為不實為臣異自王懷祖孫仲

明以前絕無以棐訓匪者若應文原作不則馬鄭偶執之已如王孫二氏訓棐

為匪矣此甚不可解也

國維再申

1926年9月9日（农历八月初三日）

静安先生大鉴：

前派人取嘉量时，适衡未在寓，后读手书并收到洋十八元，敬悉。承惠尊著《元代史料校注》四册，感谢无限！

“不我邮”一石，尊意以为《君奭》之文，细审第四字类似“光”字，不知原石如何（原石或为森玉所藏，未经剔治）？然“棐”之为“不”，终觉可疑。“不我”二字，亦不能谓绝非《春秋》，但衡已编（遍）检之，终不得要领也。

近因古光阁集资汇拓各家所藏石经，拟将寒斋[①]所有，（就所知者）编一详目。衡所查出者或与先生所查互有出入，拟假先生释文详校一过，先生其许之乎？专布，敬颂

著安

后学马衡上言　九月九日

① 寒斋：即马衡之书室“凡将斋”。

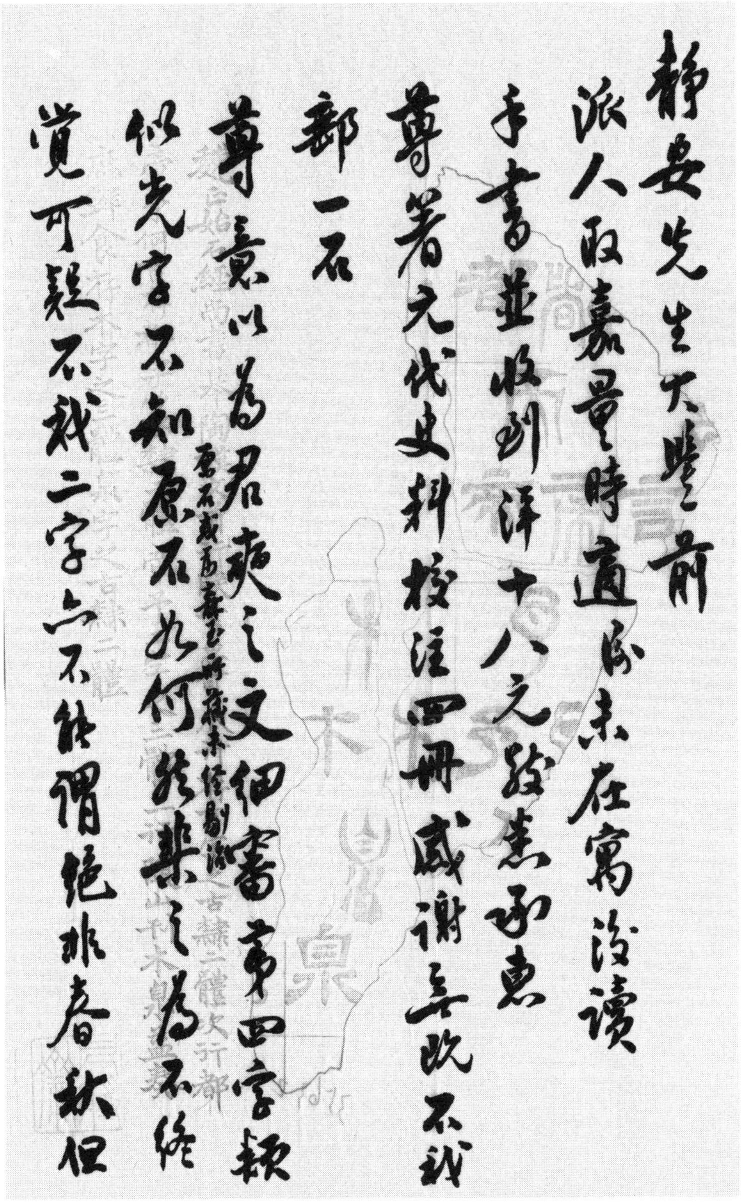

静安先生大鉴：前派人取嘉量时，適以未在寓，没读手书，并收到详十八之跋，并承惠尊著《元代史料校注》四册，感谢无既。不我鄙一石，尊意以为君疵之文，细审第四字颇似先字，不知原石不如何，於集之为不绝（惡不敢為齋公所藏未經剔洗）觉可疑。不我二字亦不能谓绝非春秋，但

處已編檢之，終不得要領也。近因古光閣集資彙拓名家所藏石經，擬將寒齋所有就所知者編一詳目，與處所查出者與

先生所查互有出入，擬俟

先生釋文詳校一遍，

先生其許之乎？專布，敬頌

著安

後學馬衡上言 九月九日

1926年9月11日（农历八月初五日）

叔平先生左右：

顷接手书，敬悉一切。嘉量仿造事，费神无既，又承大笔临写铭词，精雅绝伦。但摩挲易损墨迹，或上加薄漆一层何如，不知另有他法保护否？前日清华研究院有一函致谢，想达左右矣。

“不我邮”一石，其末一字，如可确定为“光”字，则为《君奭》之文无疑。因《春秋》无“邮”字，而《尚书》“尤”字，亦惟《君奭》《吕刑》两见故也。

文光阁（古光阁）[①]汇印新出石经至佳，弟之释文如不急需用，拟交希白[②]带奉。燕京尚未开学，恐希白未必即来此也。希白前以其所撰《文字学》见示，甚有条贯。弟有数处意见稍异，求其所归，则希白以六国时之陶器、玺印、货币、兵器文

---

① 此处文光阁有误，应为古光阁。

② 希白：容庚（1894—1983），字希白。著名考古学家、古文字学家、书画鉴赏专家。1922年他携《金文编》上京求学，得古文字学家罗振玉、马衡教授的赏识，被破格录取为北京大学研究所国学门研究生。北京大学研究生毕业后历任燕京大学、北京大学、岭南大学教授及故宫博物院古物陈列所鉴定委员。1952年后，任中山大学教授、全国政协委员、中国古文字学术研究会理事等职。著有《金文编》《商周彝器通考》《殷周礼乐器考略》。

字为另一体文字，不与当时通行文字相同（罗先生前亦有此意见）。弟意则以此为即当时之通行文字，壁中古文亦其一类。后世如北朝盛行伪体，战国末东方文字亦有此现象。故对六国用古文、秦用籀文之假说仍不能放弃。此事于文字学关系甚大，不知兄之意见何如？专复，即问

起居不一

弟维顿首　初五日

附上碑目一纸，系有人求售于清华研究院者（其中并无旧拓）。弟不知时价，请鉴核一过，大约须作何折扣乃不吃亏？祈示及，费神至感。又申。

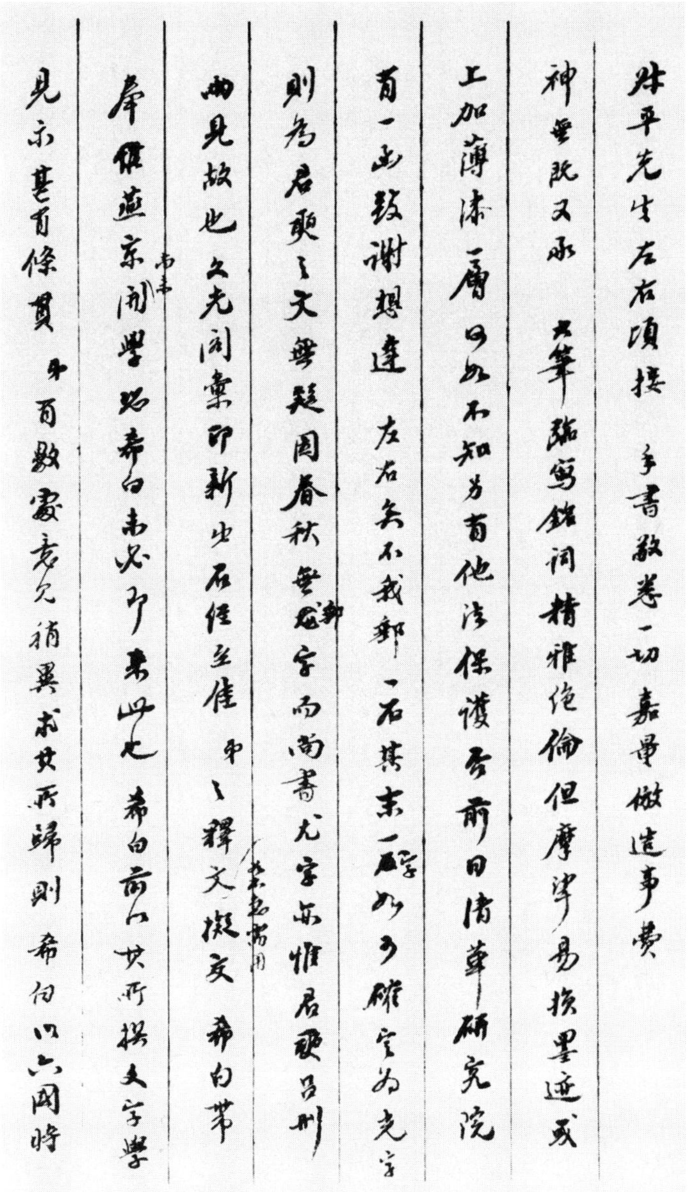
叔平先生左右：頃接手書，敬悉一切。嘉量做造事費神無既。又承大筆臨寫銘詞，精雅絕倫，但摹泐易損墨迹，或上加薄漆一層可以，不知另有他法保護否？前日清華研究院有一函致謝，想達左右矣。不我鄭一石其末一字如可確定為先字，則為君奭之文無疑，因春秋無鄭字，而尚書尤字亦惟君奭、呂刑兩見故也。又先聞彙印新出石經至佳，弟之釋文（未知需用）擬交希白帶奉，俟燕京開學時（南來）希白來必可帶來也。希白前以其所撰文字學見示，甚有條貫，弟有數處意見稍異，求其所歸，則希白以六國時

之陶器、鉨印、貨幣、兵器文字為另一體文字，不與當時通行文字相（羅先生向前亦有此意見）同。弟意則以此為即當時之通行文字，[illegible]中亦非一類，後世如北朝盛行俗體，戰國末東方文字亦有此事。故對六國用古文、秦用籀文之假說，仍不能放棄。此事於文字學關係甚大，不知兄之意見以為如何？是否即問

起居不一。

弟維頓首

初五日

附上目一紙，係有人求於清華研究院者（其中並無甚碑拓），弟不知時價，請鑒定核一過（大約價），須作撕扣乃不吃虧，詳示及，費神至感。如中

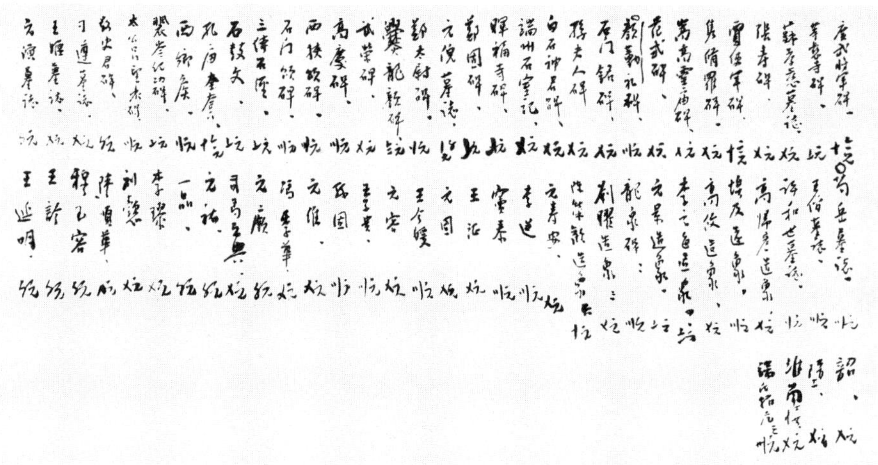

广武将军碑一	十六元	荀岳墓志一	三元	韶一	四元
等慈寺碑一	六元	王僧墓志一	三元	堕一	四元
苏孝慈墓志一	四元	许和世墓志	二元	准南憘	四元
张寿碑一	四元	高归彦造象（像）	四元	端氏拓片三	三十元
贾使军碑一	十二元	埃及造象（像）	三元		
隽脩罗碑一	四元	高攸造象（像）	四元		
嵩高灵庙碑一	四元	李元海造象（像）	七元		
范式碑一	四元	元景造象（像）一	六元		
颜勤礼碑一	三元	龙泉碑二	三元		
石门铭碑一	四元	刘曜造象（像）三	四元		
孙夫人碑	四元	陈荣欢造象（像）六	十元		
白石神君碑一	四元	元寿安一	四元		
端州石室记一	四元	李遈	三元		
晖福寺碑一	六元	寠泰	三元		

郑固碑一	六元	王证	四元
元倪墓志一	十五元	元固	四元
郑太尉碑一	二元	王令媛	三元
爨龙颜碑一	八元	元容	四元
武荣碑一	四元	王子贵一	三元
高庆碑一	三元	孙固	三元
西狭颂碑一	三元	元维一	四元
石门颂碑一	三元	冯季华一	四元
三体石经一	六元	元廞	五元
石鼓文一	六元	司马元兴一	四元
孔庙全套一	十六元	元祐一	五元
西乡侯一	二元	一品一	五元
裴岑纪功碑一	六元	李璨	四元
太公吕望表碑一	三元	刘懿	四元
敬史君碑一	五元	陆顺华一	四元
刁遵墓志	四元	穆玉容	五元
王堰墓志	四元	王诊	五元
元演墓志	五元	王延明一	五元

1926年10月15日（农历九月初九日）

叔平先生有道：

昨手书到，适外出，未能奉答，甚歉。《集林》二部（每部六元），想已收到，尊付之款尚余三元，俟有便奉还。雪堂已来京，仍寓敝处。专此奉复，敬候

起居不尽

弟维顿首　重阳日

【按】“昨手书到”所示，9月11日至10月15日间当另有马衡与王国维往来书信缺失。原件不知所在。

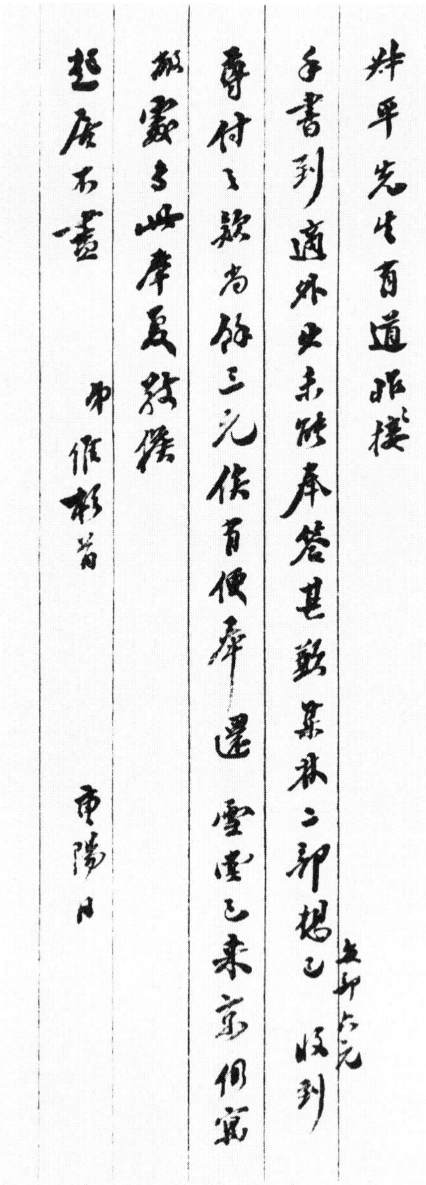
叔平先生有道：昨接
手書到，適外出，未能奉答，甚歉。某叔之部揭已收到（五部六元），
尊付之款尚餘三元，俟有便奉還。雪堂已來京，偶寓
敝處。多此奉復，敬候
起居不盡。
弟維頓首
重陽日

1926年12月1日（农历十月廿七日）

叔平先生有道：

顷得手书，敬审一切。前日何君士骥来，具悉大驾在沪曾患伤寒，此次还京尚未复原，此病之后，调理甚为重要，仍请节劳为荷。亡儿之病，中西二医并有贻误，亦不能专咎西医，即病者自身亦枪法错乱。总之，运数如此，无可说也。

弟上星期六曾至历史学会演讲一次，晤福开森，始知兄已北归，但时晚未及奉访，此次北归后只此一次进城也。有讲稿数篇，另寄呈教。（内印谱一篇，鄙见如此，然此文尚未能圆满。此问题甚重要，弟意石经古文或靠不住，而印玺、兵器等并为当时通行文字，此说当可成立，愿与同人共讨论之。）他日入城，再行奉访。兄体新愈，不可远涉也。专复，敬候

起居不一

弟维顿首　廿七日

【按】"弟上星期六曾至历史学会演讲一次"，乃11月27日，星期六，为北京大学历史学会讲演《宋代之金石学》。"顷得手书，敬审一切"所示，12月1日前当有马衡致王国维书一函，谈及王亡儿一事。原件不知所在。

叔平先生有道：頃讀
手書，敬審一切。前日何君士驥來，具悉
大駕在滬曾患傷寒，此次還京尚未復原，此病之後調理
甚為重要，仍請
節勞為荷。亡兒之病，中西二醫並有貽誤，而不能專咎西醫，即
病者自身亦檢治法錯亂，總之運數如此，實不可說也。本星期六曾
至歷史學會演講一次，晤福開森，始知
兄已北歸，但時晚未及奉訪。此次北歸除此一次進城

也有讲稿数篇另寄呈（内印讲一篇，研究如此，然此文尚未能圆满，此问题甚重要，中意石经古文或嫌不佳，内印标。其思想兼为当时通行文字，此说当可成立，颇与同人共讨论之）

教他日入城再行奉访　兄体新愈不可远涉也　书复

敬候

起居不一

弟维顿首　廿七日

1927年1月17日（农历十二月十四日）

静安先生大鉴：

昨晤教为快！今日摒挡一切，未及走辞。尊稿一册，奉缴；石经四分（份），奉赠。均请察收。专布，敬颂

著安

后学马衡上言　一月十七日

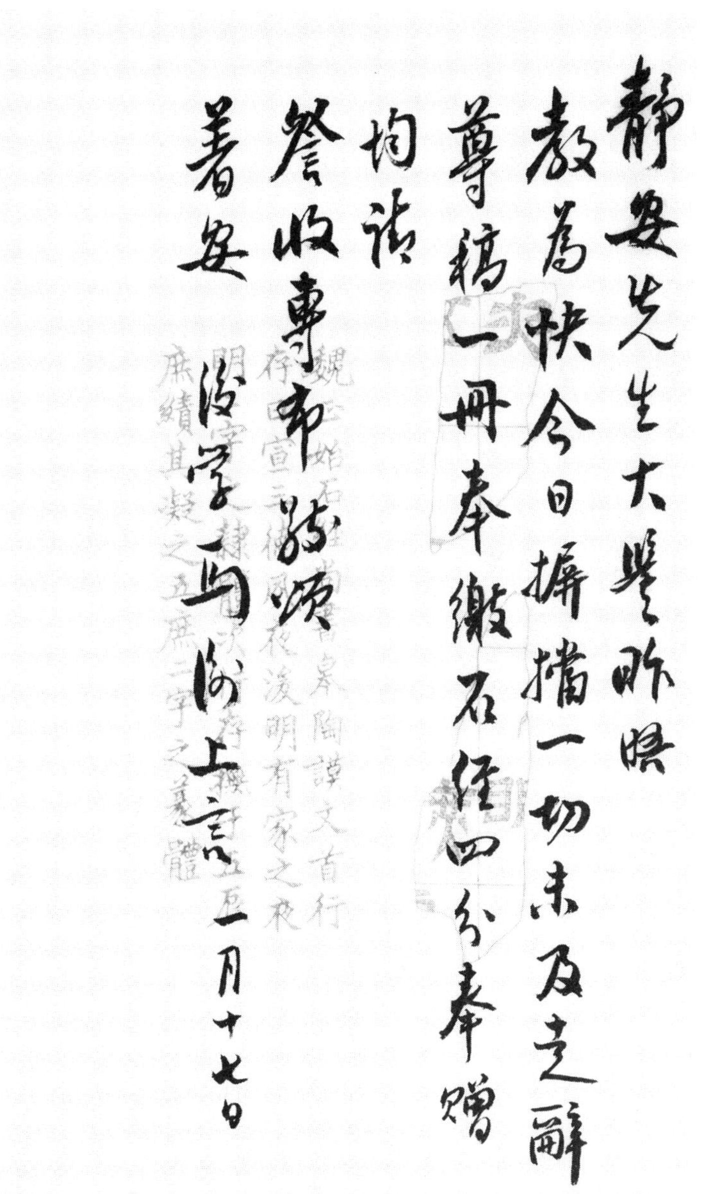

靜安先生大鑒：昨睹
教，為快。今日摒擋一切，未及走辭，
尊稿一冊奉繳，石經四分奉贈，
均請
詧收。專布，敬頌
著安
後學馬衡上言　一月十七日

1927年1月19日（农历十二月十六日）

昨奉手书，敬悉一切。《石经目录》附呈台阅（但就弟所有拓本编之，故“繇曰”一石亦未列入）。专肃，即候

叔平先生起居

弟国维顿首

近研究蒙古初期史料，乃知南宋人伪造许多书籍，如《征蒙记》等，皆宋人所造也。近有所见否？李济之自山西回，得石器、陶器等数十箱，已运至此，其详尚未闻。又申。

【按】“昨奉手书”当指1月17日马衡致王国维书。又1927年1月，王国维撰成《南宋人所传蒙古史料考》，可鉴此函写于1927年1月。

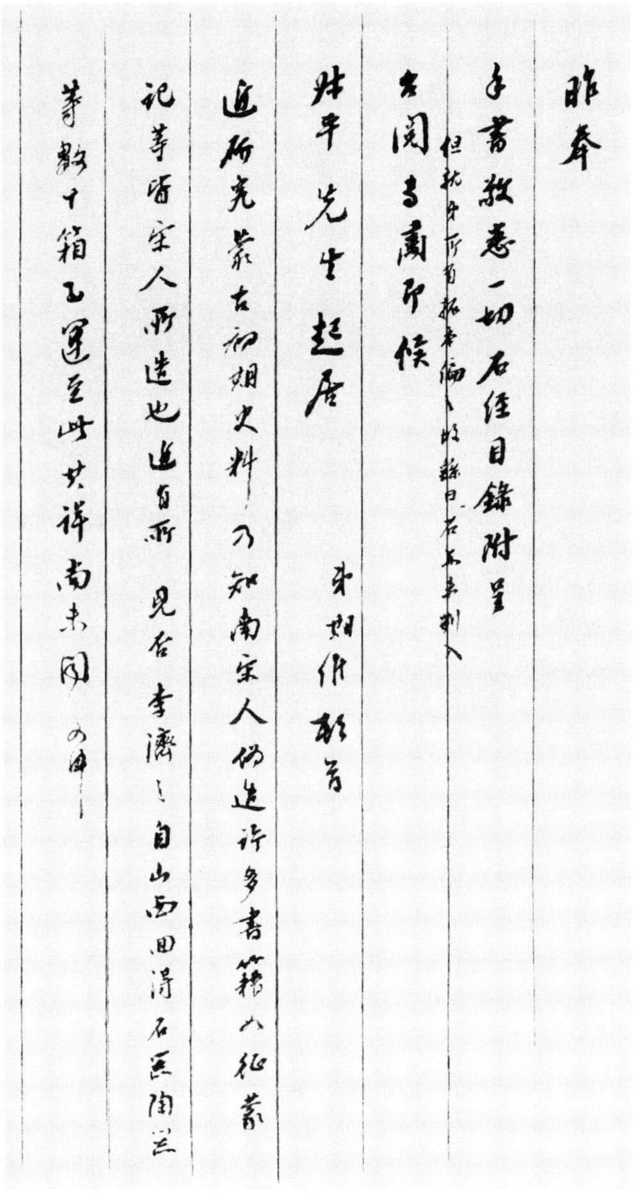
昨奉
手書敬悉一切石經目録附呈
但就弟所有拓本編入時録白石本未列入
台閲專肅即候
財平先生起居
朱翊作拜首
近研究蒙古初期史料乃知南宋人偽造許多書籍以作蒙
記等皆宋人所造也近有所見否李濟之自山西田滿石匠陶器
等數十箱運至此其詳尚未聞也又陳

我所知道的王静安先生

马衡[①]

这篇文，是我的先生——著名的考古学者马衡——作的。他同王先生有三十年的交情，而且研究学问的途径和兴趣，也有大部分相同。年来王先生掌教清华研究院，彼此商榷学术，往还更加亲密。他对于王先生的性格及学术思想，都彻底了解。这回本报出专号，我请他作文，他正当摒挡南旋之际，百忙中写了这篇，就随便署了一个名，我恐怕读者们把他草草看过，所以在这儿郑重说几句话。

皖峰[②]附识

我和王静安先生相识将近三十年，但是一向疏阔得很，直至民国一年，他从日本回国之后，我与他同时都住在上海，才

---

① 此文，马衡署名殷南。原文刊于1927年10月31日《国学月报》。

② 皖峰：即储皖峰（1896—1942），字逸安，安徽潜山槎水乡人。1923年夏，安徽省立第一师范学校毕业后，赴燕都，就读于南方大学，又入北京大学为旁听生，问学于胡适、陈垣、马衡诸教授。1927年于南大毕业，入清华大学研究院，专治文史，同时参加北京大学国学研究所，编印《国学月报》，发表有关中国文学史专题研究的文章。1928年夏，于清华大学毕业，继续从事中国文学史研究。先后在复旦大学、浙江大学、北京大学、辅仁大学任教。

有往来，并且过从甚密。后来我和他先后都到北京来，仍是时常见面，到现在也有十几年了。他平生的交游很少，而且沉默寡言，见了不甚相熟的朋友，是不愿意多说话的，所以有许多的人都以为他是个孤僻冷酷的人。但是其实不然，他对于熟人很爱谈天，不但是谈学问，尤其爱谈国内外的时事。他对于质疑问难的人，是知无不言，言无不尽。偶尔遇到辩难的时候，他也不坚持他的主观的见解，有时也可以抛弃他的主张。真不失真正学者的态度。

他最初研究哲学，后来研究文学，最后乃致力于考古学。他所以研究考古学的原因，是完全因为材料见的多，引起他研究的兴味。他从戊戌（一八九八）年以后，和罗振玉总是在一起，从来没有离开过。罗是喜欢考古的，所以收藏的古器物碑版及各种书籍拓本非常之多，尤其是在那个时候，中国有几种考古学材料的大发见，如安阳之商朝甲骨，敦煌之汉魏简牍，千佛洞之唐宋典籍文书等。罗氏都首先见到。他处在这个时代和环境之中，那整理和研究的工作，他当然免不了参加的。于是这垦荒的事业就引起他特别的兴趣，到后来竟有很大的收获了。但这个环境也就不知不觉把他造成一个遗老。偏偏在去年秋天，既有长子之丧，又遭挚友之绝，愤世嫉俗，而有今日之自杀。这不但是人家替他扼腕惋惜，也是他自己深抱隐痛的一点。岂明[1]君说他自杀的原因，是因为思想的冲突和精神的苦

① 岂明：周作人（1885—1967），原名櫆寿，字星杓，又名启明、启孟，笔名岂明，号知堂。

闷（《语丝》一三五期《闲话拾遗》第四十则），我以为是能真知王先生的。

他在考古学上的贡献，当然很多，但是最伟大的成绩，要算一篇《殷周制度论》，是他研究甲骨文学的大发明。他能不为纲常名教所囿，集合许多事实，以客观的态度判断之。即如他说："太王之立王季也，文王之舍伯邑考而立武王也，周公之继武王而摄政称王也，自殷制言之，皆正也。"这种思想，岂能是卫道的遗老们所能有的？即是有这种思想，也是不敢写的。清朝多尔衮之娶顺治的母亲，遗老们因为礼教的关系一定替他讳言，其实自满洲风俗言之亦正也。我有一次和他谈这件事，他也首肯。所以我说他的辫子是形式的，而精神上却没有辫子。

他研究学问，常常循环地更换，他说："研究一样东西，等到感觉沉闷的时候，就应该暂时搁开，做别样工作，等到过一些时，再拿起来去做，那时就可以得到新见解，新发明。否则单调的往一条路上走去，就会钻进牛角尖里去，永远钻不出来的。"照他这话看来，他是思想不受束缚而且生怕受束缚的人，不应该不发觉他一时的错误，既然发觉，而又为环境所压迫，不能轻易变更，这就是他隐痛所在。一到时机危迫的时候，他除死别无他法。你看他那身边的遗嘱，何尝有一个抬头空格的字？殉节的人岂是这样子的？

我说这一番话，有人或者以为我给王先生辩护，有人或者以为我厚诬王先生。但是这些我都不计，我是因为知道他的环境，知道他的背景，又听到他不便告人的话，所以根据事实，把他死的原因，略略记载了一点，并无丝毫褒贬的意思在里头，王先生有知，或者也以为知言吧！

跋

马思猛

本书所集马衡致王国维书信47通，现藏国家图书馆；王国维致马衡书信40通，其中39通现藏故宫博物院，1通现藏鲁迅博物馆。原札文字已分别单独录入《王国维全集·书信》（含王国维致马衡书信39通）及《王国维未刊来往书信集》（含马衡致王国维书信46通）发行。而将王国维与马衡往来书信所集原件影印、辑注并刊印尚属首次。这87通信札内容所述主要涉及青铜器、虎符、度量衡、石经、古文字等考古学术问题，兼有马衡代表北京大学约聘王国维，马衡等人集资赞助王国维刊印《切韵》成书，以及王国维因北京大学研究所国学门考古学会发表《保存大宫山古迹宣言》一文，愤而脱离北京大学等方面问题的表述。这些珍贵的资料，可能会有助于进一步厘清王国维与北京大学的关系。

王国维（1877年12月3日—1927年6月2日），字静安，号观堂，年长马衡近四岁。王国维之学涉及文、史、哲、甲骨学、经学、文字学、美学等，是一位跨越古今、贯通中西文化的旷世通才。是金石之学在王国维与马衡这两位出身、境遇、政见和性格迥然不同的学者之间搭建起了友谊的桥梁。

王国维与马衡对金石学的共同兴趣，使他们在人生的道路上惺惺相惜，研讨释析他们所发现的金石之中的无穷奥秘，坚守他们的垦荒事业。其艰辛与成果都浸于他们往来书信的字里行间。

纵观他们遗存之8年间往来的87封信札，丝毫没有涉及坊间杂谈，更没有关于时局的政论，马衡的每一封信札落款处都恭恭敬敬地拜写“后学马衡上言”。在他们的学术交流中，双方巧妙地回避了他们之间在人生观、价值观上的不同与差异。他们的交往经历了王国维脱离北京大学、冯玉祥驱逐溥仪出宫，以及马衡参加清室善后委员会及任事国立北平故宫博物院等重大政见相左的事件的考验，却始终在金石学研究的路上搀扶相行，不离不弃。

王国维去世后，马衡曾在多篇有关汉魏石经的学术论文中，提到王对汉魏石经的考证与研究成果。在马衡的手稿遗物中，曾记：“一九二三年夏，余与徐森玉（鸿宝）君相约游洛，始知所出二石之外，尚有碎石甚多。辨其残字，不尽三体，亦有汉石经焉……余等得石之后，相与理董而考订之者，惟王静安（国维）先生为最勤，其遗书第二集中之《魏石经考》，大半取材于是。”另在其所录王国维遗著《三字石经考》的卷首，写有跋文曰：“《三字石经考》为亡友海宁王静安先生遗著，一碑图、二经文同异、三古文、四附。《隶释》所录魏石经碑图，乃未竟之稿。先生归道山后，衡录副藏之，暇当为之整理增订，授之梓人。忆自十二年秋，衡得石经残石，先生亦于是时来北京，乃相与摩挲、审辨，有所发明，则彼此奔走相告，四年以来，未尝或辍，而今已矣，无复质疑问难之人矣。读此遗编，倍增怅惘。十六年十一月廿七日，马衡识。”

世道沧桑，光阴荏苒，王国维、马衡的百年遗墨，仍在见证着和传递着故人对人文追求的忘我不倦的精神。

马衡致王国维信札原件，系王国维先生次子王仲闻先生于1951年经赵万里先生捐赠给北京图书馆（即现在的国家图书馆）收藏。王国维致马衡信札原件，系马衡先生家属于1955年随其毕生所集文物等一并捐献故宫博物院收藏。另有一封王国维致马衡信札原件，系钱玄同先生之子、中国原子弹之父钱三强先生在“文革”初捐赠鲁迅博物馆收藏。由于信札落款处作者均不签署年代，且王、马二位先生所署日期也是农历、公历各异，甚至有不署日期者。因此按年月鉴排87通信札先后顺序颇费周章，笔者虽尽所能，仍难免有误，诚请有识学者指教。

2017年1月于北京通州

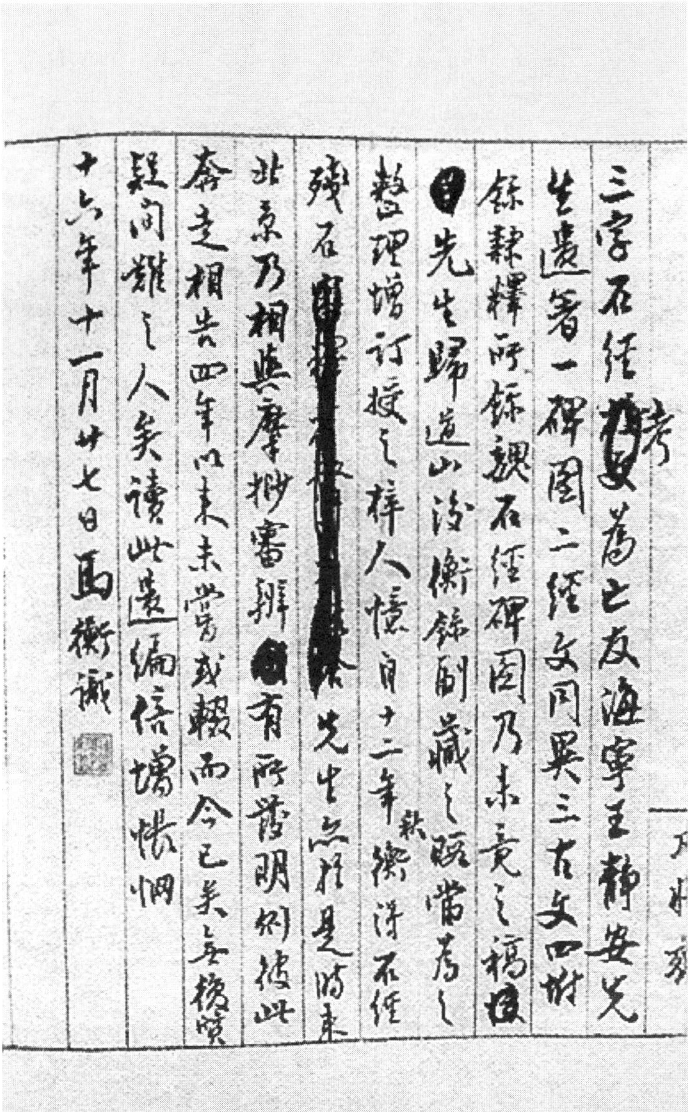

三字石經考為亡友海寧王靜安先
生遺著一碑圖二經文同異三古文四附
錄隸釋所錄魏石經碑圖乃未竟之稿
先生歸道山後衡錄副藏之頗當為之
整理增訂授之梓人憶自十二年秋衡得石經
殘石[redacted]先生亦於是時來
北京乃相與摩挲審辨有所發明則彼此
奔走相告四年以來未嘗或輟而今已矣無從質
疑問難之人矣讀此遺編倍增悵惘
十六年十一月廿七日馬衡識

马衡跋王国维遗著《三字石经考》

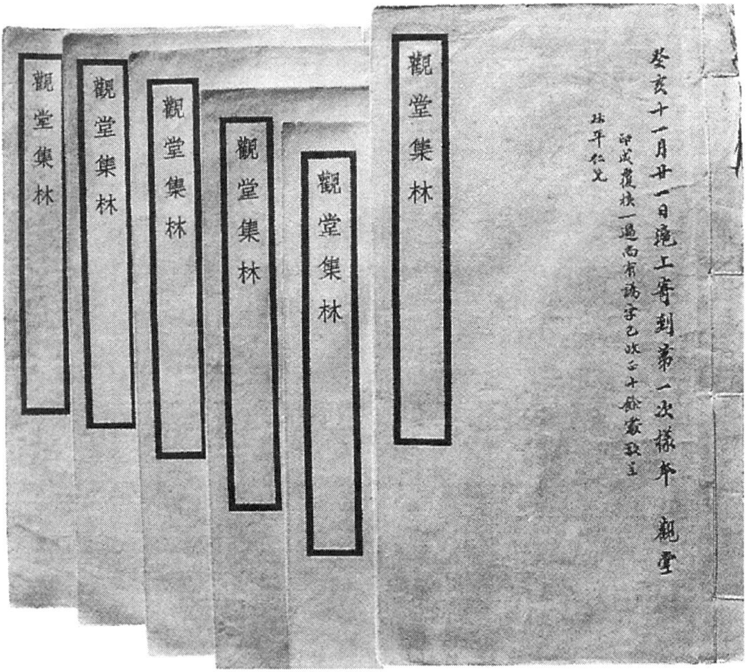

马衡所藏王国维撰《观堂集林》20 卷，1923 年上虞罗氏铅印本，为王国维先生所赠。书衣处有王国维先生题跋：“癸亥十一月廿一日沪上寄到第一次样本，观堂。”下附小字又云：“印成复核一过，尚有讹字，已改正十余处，敬呈叔平仁兄。”

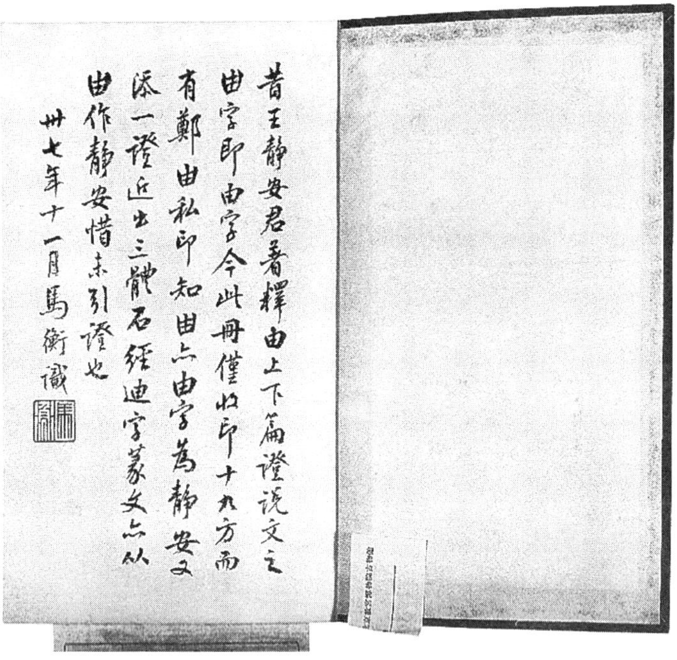

马衡跋《达古斋藏印》：昔王静安君著释“由”，上下篇证《说文》之“甴”字即“由”字。今此册仅收印十九方，而有郑由私印知“甴”亦“由”字，为静安又添一证。近出《三体石经》，“迪”字篆文亦从“甴”作，静安惜未引证也。卅七年十一月，马衡识，钤印“马衡”。

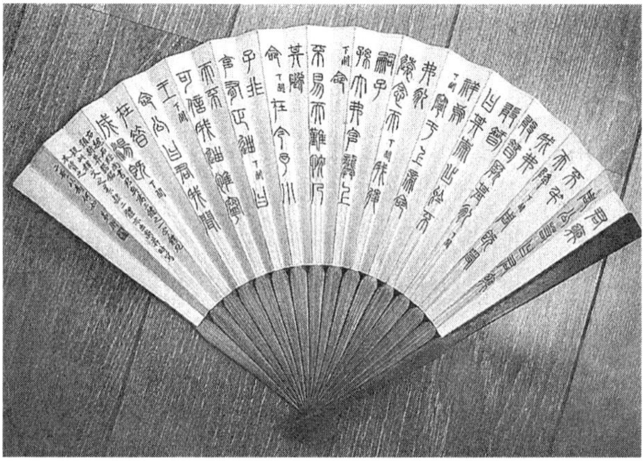

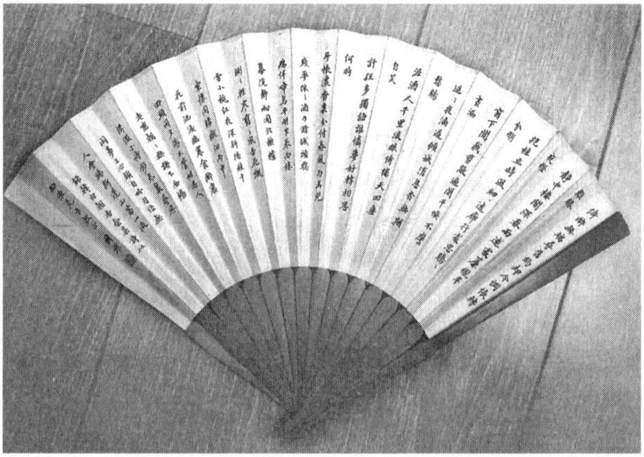

马衡与王国维书赠马裕藻扇面
上扇面：马衡篆书赠其兄马裕藻
下扇背：王国维先生为马裕藻作楷书

1923年冬王国维与北京大学同人合影
左起（佚名）、张凤举、沈士远、周作人、王国维、马衡、马裕藻、沈兼士、沈尹默、陈大齐、（佚名）

马衡、王国维跋《三体石经〈尚书〉〈春秋〉残碑屏联》，原碑三国魏正始年间（204—249）刻，墨拓，碑阳（左图）、碑阴（右图）各一纸，裱为对屏。每屏纵245厘米，横110厘米。此为马衡先生捐赠。此残碑屏联向世人展现了当年马衡与王国维对“三体石经残石”研究考证留下的点点心血。

碑阳右上马衡题：“魏三体石经《尚书》‘无逸’‘君奭’残碑。此石今已凿而为二，损‘君奭’篇题一行六字，及前一行七字，后一行十一字。”钤印：“马衡”白文方印，“凡将斋藏魏石经残字”朱文方印，“马衡叔平”白文方印。鉴藏印章：“光绪壬辰黄县丁氏干圃购得曹魏三体石经。”

碑阳左下王国维题跋：“千载何人知拓墨，二经全帙溯萧梁。开元零落十三纸，皇祐丛残百数行。岂谓风流仍正始，直将眼福傲欧黄。尚余君奭篇题在，梅本渊源待细商。叔平四兄属题。观堂王国维。”钤朱文方印、白文方印。

碑阴马衡题："魏三体石经《春秋》'僖公''文公'残碑。今凿损第十六行二十六字，及前一行四字、后一行十七字。"钤印："马衡"白文方印。另有民国十四年（1925）春马衡跋："此碑正面刻《尚书》'无逸''君奭'三十四行；阴刻《春秋》'僖公''文公'三十二行。十一年冬出于洛阳城东卅里之朱圪垱村。出土时拓工赵道传拓十二本，次日即为村人白姓者凿成二石。此为初拓十二本之一，余三至洛阳始求得之。其后又出此碑之残字数石，今悉依其原有行次补于缺处。《尚书》……补三石，《春秋》……补五石。其《尚书》'嗣前'等字一石则黄县丁氏旧藏，廿年前出土者也。此本在今日可称为此碑之足本矣。他日更有所出，当续补之。十四年春，马衡识。"钤印："马叔平"白文方印。民国十八年（1929）三月马衡再跋："此本既装成，又得残石拓本甚夥（伙）。其可确知为此碑之碎块者有《尚书》'民命'等……凡十六石。皆依其次第补装之。盖装成以后，先后补字已三次矣。十八年三月，衡再记。"钤印："马衡"白文竖方印，"凡将斋藏魏石经残字"朱文方印，"马衡叔平"白文方印。

清华大学“海宁王静安先生纪念碑”

王国维沉湖自尽两年后，清华国学院师生于1929年募款立了这座纪念碑。正面“海宁王静安先生纪念碑”，马衡书。背面碑文为陈寅恪所撰：

“海宁王先生自沉后二年，清华研究院同人咸怀思不能已。其弟子受先生之陶冶煦育者有年，尤思有以永其念。佥曰，宜铭之贞珉，以昭示于无竟。因以刻石之辞命寅恪，数辞不获已，谨举先生之志事，以普告天下后世。其词曰：士之读书治学，盖将以脱心志于俗谛之桎梏，真理因得以发扬。思想而不自由，毋宁死耳。斯古今仁圣

所同殉之精义，夫岂庸鄙之敢望。先生以一死见其独立自由之意志，非所论于一人之恩怨，一姓之兴亡。呜呼！树兹石于讲舍，系哀思而不忘。表哲人之奇节，诉真宰之茫茫。来世不可知者也，先生之著述，或有时而不彰；先生之学说，或有时而可商。惟此独立之精神，自由之思想，历千万祀，与天壤而同久，共三光而永光。”

碑文后署名是：“义宁陈寅恪撰文、闽县林志钧书丹、鄞县马衡篆额、新会梁思成拟式、武进刘南策监工、北平李桂藻刻石。”这个“名单”中，陈寅恪、林志钧、马衡、梁思成都是大师级的学者，如此郑重其事地把他们的名字刻在这块石碑上，表达的也是他们对王国维的景仰。